地域創生の新しいデザイン

地域の潜在力を
付加価値に

山﨑 朗 [編著]
Yamasaki Akira

New Designs for
Regional Revitalization

中央経済社

まえがき

　地域には，多様な魅力・個性が存在しています。美しい自然，特有の気候，自然資源，テロワール，地域の地理的位置，歴史的に培われてきた伝統，文化，建築物，遺跡，景観，技能，技術，産業・企業や人口・人材の集積，大学などの学術研究機関，そして新幹線，高速道路，空港，港湾，光ファイバー，上下水道などのインフラです。地域創生とは，多様な地域の，多様なポテンシャルを最大限引き出し，持続的に価値を創造する地域へと移行することです。

　地方創生ではなく，地域創生としているのは，本書では，東京一極集中，東京圏（１都３県）と地方圏の格差是正を，最重要テーマとは捉えていないからです。地域間格差の代表的指標とされてきた１人当たり県民所得の変動係数は，低下しています。日本経済が長期低迷してきたなかで，東京圏の相対的地盤沈下によって実現した地域間格差是正を喜ぶことはできません。

　課題を抱えている地域は，地方の道県・市町村だけではありません。世界最大の都市圏である東京圏は，デジタル赤字の増加にみられるように，世界最大の集積を付加価値に転換する力を十分には発揮できていません。国際金融センター，国際コンテナ戦略港湾（京浜港），MICE，学術研究，スタートアップ企業（とくにユニコーン）の創出など，アジアや世界を牽引していく先進地域とはいえなくなっています。2024年２月時点のユニコーン数では，アメリカの739社に対して，日本は14社（世界12位）で，韓国，シンガポールよりも少ない状況に留まっています。国際金融センターランキング（GFCI）で2013年に６位であった東京は，2023年には21位にまで下落しました。

　『日経ビジネス』が「マイナス首都東京　地方の自立が日本を救う」という特集を出したのは，2017年３月でした。私はこの記事のインタビューを受けました。東京都における稼げないサービス業の増殖に原因があるのではないかと

答えた記憶があります。IMDの2024年スマートシティ・ランキングでは，東京は世界86位（2023年は72位）でした。バンコクの84位を下回っています。

　東京圏の日本人住民は，人口自然減の増加により，2021年の3,564万人をピークに減少に転じました。2023年日本人住民自然減数全国１位の都道府県は，東京都です。まもなく，外国人住民を加えても，東京圏の人口が減少する段階に入ります。買い物難民が多いとされているのは，神奈川県，東京都，大阪府です。

　地域創生は，少子高齢化，人口減少，東京圏への相対的人口集中の加速という，これまでに経験したことのない長期にわたる構造変化のなかで，いかに豊かな地域を維持・創生していくのかというチャレンジです。そのため，地域創生は，①人口密度の低い低密度居住地区，災害危険地域からの撤退や都市のコンパクト化，②価値を生み出すクリエイティブ，イノベイティブな活動や移出・輸出・輸入代替の促進という両面作戦によって構成されます。

　地方創生のように，いたずらに東京圏対地方の対立構図を煽り，一斉に同時期に似通った自治体計画を策定し，人口を奪い合う地域間競争は望ましくありません。地方を発展の遅れた地域，支援・保護すべき地域として位置づけるのではなく，半導体，医療機器，医薬品，航空宇宙，情報産業，EV，バイオマス産業などの先端産業を含む，多様な発展ポテンシャルを有する地域として再認識するべきです。地域創生の最終目標は，地域内での付加価値の創出による政府の財政支援からの脱却です。「地域の自立が日本を救う」のです。地域の視点からの労働生産性の引き上げ，働きがいのある新事業や新産業の創出，貿易赤字（エネルギー，農林水産品，医薬品・医療機器，デジタル）の削減が地域創生のテーマです。

　行きたい場所，滞在したい場所，住みたい場所，学びたい場所，そして働きたい場所を自由に選択できる時代になりつつあります。地震・津波・水害・富士山の噴火の危険性が高く，交通・住宅・環境問題のある東京一極集中の是正は，都心での大学立地規制のような東京の発展ポテンシャルの引き下げや，地方への財源再配分の強化によって実現するのではなく，長期的視点から，安全・安心を含む，観光・滞在・生活・学習・労働の場としての，地方の魅力向上によって実現すべきです。2025年版QSベスト学生都市ランキングによると，

学生にとって世界最高の都市はロンドンですが，2位は東京です。地方の若者が東京で学ぶ機会を奪ってはいけません。

ジェイン・ジェイコブズは，中央政府による地方支援を「衰退の取引」（transactions of decline）と呼びました。政府への過度の依存は，地域魅力の発見・保全・創出，価値の創造，生産性向上への逆インセンティブとなりかねません。地域経済発展の原理は，昔も今も，そして未来も変わりません。移入・輸入代替と移出・輸出です。

本書のキーコンセプトは，①逆6次産業化（原料基盤の現地化）の促進，②広義の新しい公共の機能，③地域資源の活用，④土地利用の転換，⑤グローバル地域の創生，⑥地域イノベーションの創出，⑦中枢管理機能や高度人材の地方移転，⑧金融地域創生です。

本書でいうところの地域は，市区町村や都道府県だけではありません。1km²単位のメッシュ地域，集落，通勤・通学圏，都市圏，九州や北海道などのブロック圏，さらには海外を含めた国際交流圏のような，多様な地域を包摂しています。地域の個性と同様，地域の広がりの多様性を考慮することによって，自治体単位の地方創生戦略とは異なる，多様な地域戦略を導き出せるのです。

東京から離れた国土の西の末端に近い福岡市，南の末端である沖縄県（先島諸島を含む）は，東京日帰り圏の構築だけではなく，半径3,000km程度の諸国・地域との国際交流の促進によって，貿易，外貿コンテナ，国際航空旅客，クルーズ船，インバウンド，留学生などの指標で，グローバルな地域へと移行しつつあります。内発型や外来型とも異なる，外向型（outward）の地域創生です。

2015年に出版した前著『地域創生のデザイン』は，おかげさまで数度の増刷を経ることができました。この場をお借りして，御礼申し上げます。ただ，出版から10年近くが過ぎ，地域をめぐる状況は大きく変化しています。具体的には，円安，人手不足，公共事業費の上昇，デジタル赤字の増加，テレワーク，ワーケーション，社員の居住地完全自由化，食糧安全保障，地政学リスク，モビリティに関する新技術や新制度の導入と物流問題です。フェリー・RORO船や航空輸送へのモーダルシフトは，遠隔地の農林水産業の存続にとって重要な

テーマとなりました。このような新しい変化への新しい対応策を加えて，改めて本書を出版することにしました。

　最後になりましたが，出版情勢がますます厳しくなるなかで，本書の出版をご快諾いただいた中央経済社と，担当の市田由紀子氏に心より御礼申し上げます。

　2025年3月

山﨑　朗

目　　次

まえがき

第1部　国土と地域のデザイン　　　　　1

第1章　地域創生の新しいデザイン ………………………… 2

1　人口減少への対応 — 2
2　逆6次産業化 — 9
3　地域の付加価値創出に向けて — 15
4　東京創生と地方の創生 — 20

第2章　人口動態と地域創生 ………………………………… 25

1　地域人口の変遷 — 25
2　大都市の人口移動 — 31
3　2010年代の少子化対策と地方創生に関する政府や自治体の取り組み — 32
4　人口減少時代の地域創生 — 39

第3章　地域創生と国土・広域のプランニング ………… 42

1　現代の国土のプランニング — 43
2　デジタルとリアルを融合する地域生活圏 — 52
3　持続可能な都市圏の形成を目指す取り組み — 56
4　農山漁村の産業と生活基盤の維持・形成 — 59
5　今後の国土プランニングのあり方 — 64

II

第2部　地域創生のケース　67

第4章　地方都市のトップランナー
―福岡市の戦略と課題　68
1　地方都市のトップランナー ― 68
2　交通体系の整備と都市空間の再編 ― 74
3　福岡市の課題 ― 77
4　アジアのリーダー都市を目指して ― 81

第5章　温泉都市の地域創生　85
1　温泉大国・日本の地域課題 ― 85
2　日本，イギリス，フランスのNo.1温泉都市比較 ― 88
3　温泉産業クラスター形成に向けて ― 99
4　温泉都市の地域創生戦略 ― 104

第6章　新生・シリコンアイランド九州のデザイン　107
1　半導体産業の新潮流～DX・GX・経済安全保障 ― 107
2　シリコンアイランド九州のエコシステム ― 110
3　再始動する地域産業政策 ― 118
4　シリコンアイランド九州の新しいデザイン ― 121

第7章　北海道の新しい地域創生　125
1　衰退する北海道 ― 125
2　北海道のポテンシャル ― 129
3　反転攻勢の兆しをみせる工業 ― 134
4　変容する北海道観光 ― 137

第3部 地域創生の新しい戦略論 　143

第8章 木質バイオマス資源の活用と地域創生 ……………… 144

1　森林大国日本 ― 144

2　木材自給率上昇と輸出増加 ― 148

3　バイオマス発電への期待と不安 ― 153

4　コンクリートジャングルから森林都市・木造都市へ ― 156

第9章 中枢管理機能の最適配置 ………………………………… 164

1　東京への本社集中メカニズム ― 164

2　本社機能・高度人材地方移転の可能性 ― 168

3　世界の本社都市 ― 174

4　東京圏への本社再集中 ― 177

5　ハイモビリティと中枢性 ― 180

第10章 「金利ある世界」の地域創生 …………………………… 183

1　金融地域創生 ― 183

2　相続がもたらす東京圏への金融資産移動 ― 190

3　JR北海道と基金 ― 192

4　金融地域創生に向けて ― 193

あとがき　201

第 1 部

国土と地域のデザイン

第1章 地域創生の新しいデザイン

この章の概要

　地域創生とは，先進国となった日本における，新しい地域の創造です。人口増加時代にはできなかった，環境に配慮した美しい都市・農村景観を創造し，快適，安全で子育てしやすい住・生活環境を形成し，多様な職業・居住地選択の自由を実現する，クリエイティブかつグローバルな地域の創生です。

　本書でいう地域創生の対象地域には，東京，大阪，名古屋の三大都市圏も含まれています。地域創生の究極の目標は，地域の経済的自立，政府の財政支援からの脱却です。

　地域は多様です。世界都市もあれば，山村，限界集落，無居住地区まで存在します。亜熱帯から亜寒帯まで幅広く，地域の高低さもあり，地域の風土も異なりますが，交通・通信の発展により，地域の生活圏や物流圏は，広域化・複合化・国際化しています。

　地域間格差是正ではなく，地域での付加価値の創出，地域に滞在する人や働く人のウエルビーイング向上のための，多面的な地域戦略が求められています。

1 人口減少への対応

（1） 4,108万人減少のインパクト

　移民を受け入れたとしても，2070年の日本の人口は，8,700万人（中位推計）になると推計されました。日本の人口のピークは，2008年の1億2,808万人です。2008年との比較では，4,108万人の減少（－32％）です。これからの地域間格差は，1人当たり県民所得格差ではありません。地域の持続可能性格差です。

　納税者の減少は，個人住民税，固定資産税を減少させます。高齢化は，医

療・福祉の費用を増加させます。人口や世帯数の減少は，廃校や空き家などの増加，老朽化した道路橋の撤去・集約，鉄道・バス・タクシーを代替する公共交通の再構築など，後ろ向きの対策・事業を増加させます。さらに，建設資材と労務費の高騰による公共事業費の上昇もあり，インフラの更新・撤去費用も上昇しています。その結果，2015年以降，公共事業の入札不成立（不調や不落）が増えています。

　ベンチャー創出や地場企業の新事業支援，廃校や空き家の再生など，地域の付加価値を高める戦略の立案・予算確保・実施は困難になるという，負のスパイラルに陥ります。

　若年人口の減少は，企業誘致や企業経営にも悪影響を与えます。帝国データバンクによると，2016年頃から人手不足倒産が増えています。さらに，新規工場立地は，関東集中の傾向がみられます（第10章参照）。地方交付税の増額ではなく，地方創生推進交付金として地方自治体に交付されているのは，地方自治体における付加価値を高める事業予算の確保という一面もあります。

　地域の長期的発展にとってもっとも重要なのは，未来の若年労働力の存在です。地域創生第一課題は，人口自然減への対応です（第 2 章参照）。そのためには，地方での多様な職業の選択肢の創出と若年層の賃金の引き上げが必要です。東京商工会議所の会員企業の従業員対象の2024年調査（回答2,198人）では，年収700万円台と300万円台とでは，結婚への意向や現実的に持てるこどもの数にはっきりとした差がみられました。

（2）　北海道・東北の危機

◆北海道・東北の低い出生率

　東北地方（新潟県を含む 7 県）の1947年の出生数は40万人で，全国の14.9％を占めていました。それが2023年には5.2万人となり，対全国比は7.2％にまで低下しています。1947年東北の人口の対全国比は14.1％でしたが，いずれ 7 ％程度にまで低下することになります。

　それに対して，2023年の九州・沖縄の出生数は9.3万人で，全国比12.8％です。東京圏の出生数は21.8万人で，全国の30.0％を占めています。

　東京都の2023年の合計特殊出生率（以下出生率）は0.99でしたが，天野のい

4　第1部　国土と地域のデザイン

うように，出生率と出生数の間には相関はありません。東京都の有配偶出生率
は，全国平均よりも高くなっています。地方への人口移動によって日本の出生
率は高まる，とはいえません[1]。出生率の高い自治体でも，出生数は減ってい
ます。2024年の日本の出生数は，72万988人でした（速報値）。

◆アサヒビール四国工場の閉鎖から考えてみる

　ビール工場の供給圏内の需要が，工場の採算ラインを下回ると，大手のビー
ル工場は閉鎖されます。ビール工場と呼ばれていますが，ビール以外の多様な
飲料を製造している事業所です。大手のビール工場は，主に輸入した麦芽，
ホップを使用しています。原料地立地ではなく，市場立地です。そのため，工
場の供給圏の需要減少は，工場閉鎖に直結します。

　酪農地帯である北海道の乳製品工場は，原料地立地です。北海道の人口が減
少しても，ただちに工場閉鎖とはなりません。明治は，50年以上経過した北海
道の2工場を閉鎖しますが，酪農地帯の中標津町に最新工場を建設予定です。
主な市場は，北海道以外の地域ですので，地域経済を支える移出産業（基盤産
業）といえます。

　四国唯一の大手ビール会社の製造拠点であったアサヒビール四国工場は，
2022年に閉鎖されました。工場閉鎖にともなって，工場見学，直営レストラン，
そしてふるさと納税の返礼品としての機能も失いました。四国工場の配送圏は，
四国全域と広島県の一部でした。2023年の四国の人口は，358万人です。四国
工場の配送圏人口は，約400万人と考えられます。

　北海道には，大手ビール工場が2工場立地しています。北海道の人口が382
万人となる2050年には，ビールを好む観光客の大幅な増加か，あるいは工場の
配送圏（海外への輸出を含む）が拡大されなければ，生産継続は難しくなるで
しょう。

　九州の人口は，四国の約3.5倍です。九州には，大手のビール工場は4つ立
地しています。アサヒビールは，福岡市にある博多工場も閉鎖しますが，代わ
りに交通結節点である佐賀県鳥栖市に，大型のビール工場を建設予定です。九
州工場の配送エリアの人口が多いうえに，日本のビール輸出の約6割（金額で
は約4割）を占めている博多港からの輸出によって，海外市場も見込めるから

です（第4章参照）。

◆低下する札幌市・仙台市の中枢性

　札幌市，仙台市，広島市，福岡市は，地方中枢都市や広域中心都市と呼ばれています。北海道や東北などの地域ブロック圏の人口減少は，東京・大阪・名古屋本社の大企業の支店の縮小や撤退をもたらし，地方中枢都市の中枢性と雇用吸収力を低下させます。これら4都市のなかで，人口増加を続けているのは，福岡市だけとなりました。

　札幌市の人口は，2021年から3年連続で減少しました。支店集積度の低下は，札幌市の「地方創生」では抑制できません。仙台市の人口も2024年1月1日の統計では，対前年比で減少しました。

　福岡市の人口増加や中枢性の上昇には，福岡支店（四国や中国地方の一部や沖縄県までを管轄圏とする西日本支店や西日本支社と称する事業所が増えています）の管轄圏の地理的拡大や，近隣都市の営業所機能の吸収という要因も作用しています。

　福岡市の人口密度は，仙台市の3倍以上です。人口密度の低い政令指定都市（静岡市，浜松市，新潟市，広島市）の人口減少率は，高くなっています。

　人口密度は，高度なサービス業の立地に影響を与えます。第三次国土形成計画で提唱された地域生活圏（10万都市圏）のモデル都市の一つであるドイツのエアランゲン（人口約12万人）は，仙台市よりも人口密度の高い学術都市です。

　地方中枢都市は，東京・大阪・名古屋に本社のある大企業の支店，県庁・道庁，道県内や地域ブロック圏を市場とする銀行，鉄道，バス，電力，ガス，マスコミの本社，そして卸・小売・対消費者サービス業の集積地から，スタートアップの苗床，MICEや国際スポーツ大会の開催地，学術研究の拠点，本社機能，国際金融機能，高度人材の集積地へと飛躍すべき段階（支店都市からの脱却）に入りました。

　東京一極集中への歯止め効果のない，近隣都市の営業所・商業・教育機能の吸引による都市の肥大化，近隣窮乏化による発展には終止符を打たねばなりません。

6　第1部　国土と地域のデザイン

（3）　国土の計画と地域の課題

◆幻想の国土計画からの脱却

　2023年7月の第三次国土形成計画で示された「2027年度に地方と東京圏との転入・転出を均衡化させる目標の実現を図る」[2]という目標設定には問題があります。それは，実現不可能な目標というだけではありません。

　国土形成計画という長期計画のKPIが幻想にすぎないとすれば，計画全体の信ぴょう性に疑問が生じるからにほかなりません[3]。実現困難な幻想あるいは願望ともいえる目標を掲げる計画ではなく，未来を見据えたビジョンが求められます[4]。

　これからの課題は，家屋やインフラの縮減，地域のコンパクト化，および鉄道（鉄道間），空港，港湾，高速道路の有機的結合にあります。羽田空港，成田空港や新潟空港と新幹線の結合については動きがありませんが，静岡空港の新幹線駅については，JR東海からやや「前向き」の回答があり，リニア開通後の空港駅建設を期待したいと思います。「首都圏第三空港」的役割を果たせるようになるでしょう。

　滞在したい場所，住みたい場所，働きたい場所を自由に選択できる，これが豊かな社会です（第3章，第9章を参照）。東京圏で学び，働き，生活したい人たちの行動を抑制すべきではありませんし，東京23区居住の若い女性の税による地方移住促進支援は，好ましい政策とはいえません。

◆急増する「放置空き家」

　総務省の住宅・土地統計調査（2023年）によると，国内の住宅総数に占める空き家の比率は，過去最高の13.8%に達しました。全国には899万戸の空き家があります。居住や使用目的のない「放置空き家」は，385万戸（5.1%）です。

　野村総合研究所は，2043年の空き家数は1,861万戸，空き家率は25.3%にまで高まると予想しています。「放置空き家」の増加は，世帯数が減少するこれからが本番です。と同時に，第10章で論じられているように，地方（親）から東京圏（子）への相続財産転送メカニズムも作動します。

　2023年12月に改正空き家対策特別措置法が施行され，「管理不全空き家」も

固定資産税の軽減措置の特例から除外されることになりました。遅きに失した感は否めません。

◆逆線引き

　人口減少による自然的縮退に任せるのではなく，郊外開発の禁止，低密度居住地区や災害危険地域からの撤退を進めるべきです。1999年の広島市での土砂災害を契機として，2000年に「土砂災害警戒区域等における土砂災害防止対策の推進に関する法律」が制定されました。土砂災害特別警戒区域からの撤退をさらに誘導すべきです。

　人口減少率の高い北九州市での逆線引き（災害リスクの高い斜面地宅地の市街化調整区域化）の大胆な提案は，市民等の反対で大きく後退（人口・宅地数では当初案の2％以下にまで縮小）しました。しかし，災害リスクの高い地域からの撤退や市街化区域の縮小は，人口減少率の高い北九州市のみならず，すべての地域で真剣に向き合うべき政策課題であり続けます。

◆豊かさのパラドックス

　少子高齢化，人口・世帯数減少は，地域の消費力を低下させます。低密度居住地区では，医療，教育，福祉，商業，金融機関など，生活に必要な「対面での」サービス業は立地できません。鉄道，バスなどの公共交通，橋梁や水道などのインフラの維持・更新も困難になります。

　「人口は減少しても，1人当たりGDPが増加すれば問題ない」という考えもあります。しかし，豊かさの指標として使用されてきた1人当たりGDPが上昇したとしても，人口密度が低下し，公共交通が衰退し，対消費者サービス業が撤退していく地域の生活水準は，デジタルで一部補完できるとはいえ，低下していきます。過疎地での移動販売事業にも，事業成立の「閾値（いきち）」は存在しています。

　大型小売店舗の減少と買い物難民の増加は，日本のGDPの54％（2023年）を占める個人消費を抑制する要因ともなりえます。

8　第1部　国土と地域のデザイン

◆デジタルと「地方創生」

　デジタル化やインターネットの普及は，書店，CDショップ，映画館，塾，金融機関や旅行代理店の店舗などが立地していなかった人口密度の低い地域に，革命的な恩恵をもたらしました。映画館はなくても，ネットで映画は見られます。ネットでしか見られない映画やドラマも増えています。本屋はなくとも，ネットで検索・注文できます。銀行や証券会社の支店はなくても，ネットで金融取引はできます。旅行代理店はなくとも，ネットで航空券の予約はできます。

　リアルなサービスは，需要と供給の時間的・空間的一致を前提とします。虫歯の治療には，予約した時間に歯医者にいかなければなりません。しかし，完全にデジタル化されたサービスでは，空間的一致という条件をはずすこと（オンディマンドでは時間的一致も解除されます）が可能です。

　とはいえ，医療も，介護も，教育も，買い物も，すべてをネットで代替はできません。高度なサービスは，対面でのサービスです。地方都市の人口減少の背景には，デジタル化による支店・営業所の廃止と対消費者サービスの淘汰があります。処方薬のネット販売が解禁されれば，調剤薬局の実店舗数は激減するでしょう。

　書店のない無書店自治体は，2024年3月時点で482市町村にまで増加しました。デパート，スーパー，食料品販売店の減少によるフードデザートエリアの拡大は，高齢化と人口減少（都心では家賃の高騰も）が主原因ですが，ネット販売の影響もあります。買い物弱者の増加による問題は，高齢者の栄養・健康問題，社会的孤立だけではありません。個人消費の低下にもつながります。コンビニ店舗数も，2022年度から2年連続で減少しています。

　デジタル化は，サーバの東京圏集中（対全国比61.4%：2023年）をもたらしています。デジタル化は，ユビキタス（どこでも）を特色としていると思われがちですが，データセンターは，東京圏に集中しています。GoogleやAmazonのデータセンターは，成田空港に近く，地盤の良い千葉県印西市に立地しています。印西市には30近いデータセンターが立地すると見込まれています。

　ようやく北海道の稚内市や弟子屈町，佐賀県の玄海町などでのデータセンターの立地検討も始まりましたが，外資系企業のAI開発拠点は東京都内に設置されています。Googleは2024年，東京オフィス内にアジア太平洋地区で初め

てのサイバー防衛拠点を設置すると発表しました。

　リアルとデジタルが結合したサービスでは，学生やフリーターなどが多い東京圏に優位性があります。単発で仕事をするギグワーカー，あるいはスポットワーカーは，2024年2月には1,500万人にまで増加したとされています。メルカリは，スポットワーカー事業である「メルカリハロ」を2024年4月から全国展開すると報じられましたが，東京圏での先行開始となりました。

　デジタル活用は，地方の課題を解決する魔法ではありません。デジタルに関わる人材や事業所，データセンターが地域に立地しなければ（無人タクシー導入のようなデジタルの利用空間に留まるのであれば），デジタル化の進んだ田園都市から人口は流出し続けます。

　OECD加盟国で最大の貿易赤字額となった日本の「デジタル赤字」の解消は，世界企業の本社，IT産業，大学，研究所，高度人材の集積した東京圏の地域創生の課題です。

2　逆6次産業化

（1）　6次産業化とは何か

◆6次産業化の役割

　農林水産業（1次産業）の事業者によって生産された1次産品を地域内で加工し（2次産業），その製品を販売（3次産業）し，地域内で付加価値を高める6次産業化の取り組みが，全国各地で行われています。イチゴをジャムに加工し，道の駅やレストラン，ネットで販売するといった手法です。

　小規模生産であっても，ジャム，ジュース，ドレッシング，漬物（食品衛生法により販売は難しくなりました）などの製造・販売は，地域資源の活用，付加価値の創出という観点からみてプラスです。農水省によると，2022年度に6次産業化による農産加工品（農泊を含む）の売上は，2兆1,765億円にまで増えました。しかし，人口減少によって，国内市場は縮小し続けます。6次産業化でも，輸入代替と輸出が重要です。

10　第1部　国土と地域のデザイン

　離島や山村などの小規模農業と6次産業化は，相性がいい面もあります。それは，いまや全国に3,000種類以上あるとされるご当地レトルトカレーの開発ではなく，地域の個性的，伝統的な食文化やテロワールを活用したケースです。小規模・少量生産，季節性，高価，入手困難というプレミアム性の高い商品です。長崎県雲仙市の「種採り野菜」による6次産業化は，個性豊かなガストロノミーの創出として注目されます。

　豊かで幸福度の高い社会は，個性的食文化のある多様な地域を有する社会です。

◆ **地産地消から輸入代替・輸出へ**

　地域で生産された農林水産物を地域で消費するという地産地消は，地域内での付加価値の生産だけにとどまらず，地域内での所得循環を促すという点において効果的ですが，人口減少によって，地域市場は縮小し続けます。

　イタリア野菜，フランス野菜，レモン，キウイ，オレンジ，ブドウ，薬草，ホップなどを栽培し，輸入量を削減できれば（輸入代替），農山村の付加価値を高められます。地域のテロワールを生かした日本ワインやクラフトビールは，ふるさと納税返礼品にも活用でき，観光振興にもつながります。日本の農林水産物・食品の貿易赤字の削減や食糧安全保障にも貢献します。

　円安，アジア諸国・地域の賃金上昇，海外での日本食レストランの増加，日本食ブームによって，日本の農林水産物・食品に対する海外の需要は高まっています。

　2024年の米の輸出量は，2019年の2.6倍の45,112トン（120億円）になりました。とはいえ，今後10万トン/年の国内需要減少が見込まれているなかで，年間1万トンの輸出増加では，持続可能性のある農業にはつながりません。

　農林水産物・食品の鮮度を保ったまま輸出するには，農山漁村に近い地方港湾で混載業務を行う業者，冷蔵冷凍倉庫の整備，温度管理のできるリーファーコンテナ用電源の確保，リーファーコンテナ搭載可能なコンテナ船の就航などが必要です。国土交通省は，2024年4月時点で，「産直港湾」として，静岡県の清水港と大阪府の堺泉北港を指定していますが，農山漁村からの「産直輸出」には，農林水産業の盛んな北海道や東北の地方港湾の活用が不可欠です。

北海道でいえば苫小牧港だけではなく，後背地の農業・酪農業・林業のために，釧路港や十勝港なども「産直輸出」の機能を果たせればいいのですが（第7章参照）。

博多港は，畜産物輸出においても，数量（18％）・金額（16％）ともに全国1位です。下関港と福岡空港を合わせると，数量で32％，金額で40％を占めています（2021年）。博多港，下関港，福岡空港は，南九州の畜産業を支えているのです（第4章参照）。

（2） 逆6次産業化と輸出促進

◆逆6次産業化の考え方

逆6次産業化は，3次産業や2次産業の企業との取引という観点から，1次産業を大規模化，高付加価値化する取り組みです。

日本の第1次産業の課題は，食品産業やスーパー，商社との結合が弱い点にあります。サービス業や製造業から1次産業へとアプローチする，逆6次産業化の視点が重要です。換言すれば，地域産や国産の原料調達量・調達比率の引き上げです。商社によるアジア諸国・地域へのアイス輸出の増加が，日本国内でのアイス工場の生産や北海道などの酪農業へ波及するというメカニズムです。

6次産業化は，農林水産業の事業者による事業ですが，逆6次産業化は，国内外の大手の飲料，食品業者，スーパー，商社，チェーン店との取引です。原料ではありませんが，明治HD（J-クレジットの購入）→丸紅（仲介）→ファームノートHD（DXのベンチャー：帯広市）→ファームノートデーリィプラットフォーム（中標津町：酪農業）も逆6次産業化といえます。国産飼料の増産を目指す雪印メグミルク，日本ハム，フィード・ワンなどの動きも逆6次産業化です。

農林水産省は，2024年4月に「国産野菜シェア奪還プロジェクト推進協議会」を設立しました。遅きに失した感はありますし，野菜に限定する必要もありません。

◆レモンなどの国産化

ポストハーベスト不要な，新鮮で安全な国産のレモンを原料とすれば，製品

12　第1部　国土と地域のデザイン

や企業のブランド価値，品質が高まると同時に，レモン農家の支援として地域創生（とくに瀬戸内海の離島振興）にも貢献します。新潟県でもレモン栽培へのチャレンジが始まりました。

　2019年からは，ポッカサッポロフード＆ビバリッジ（以下ポッカと略記）自らレモン栽培に乗り出しています。ポッカのサテライトオフィス（大崎上島町）の設置と社員によるリモートワーク拠点としての活用など，注目すべき試みが始まっています。ポッカの活動は，「広義の新しい公共」と呼べるものです。

　天候不順の影響を受けて，レモンの生産量は安定していません。ですが，広島県，愛媛県でのレモンの作付け面積は，増加傾向にあります。その背景には，耕作面積に応じて管理費を支払うというポッカの購買システムがあります。静岡県の磐田市でもレモン産地化に向けての動きが始まりました。J-クレジットとの組み合わせができれば，レモン生産の持続可能性はさらに高まります。

　農林水産省によると，日本の果実生産量のピークは，1979年の685万 t でした。それ以降，減少し続けており，1960年にはほぼ100％であった果実自給率は，2020年に38％にまで低下しています。

◆ラー麦とさぬきの夢

　「イタリアに行っておいしいピザやスパゲッティを食べた後で，もしも小麦はアメリカ産，トマトは中国産，チーズはギリシャ産，ベーコンはドイツ産だと聞かされたら，みなさんはどんな気持ちになるでしょうか」[5]。

　日本のラーメンの自給率は，約12％と推計されています。ほぼ100％国産品は，ねぎ，もやし，塩と水です。外国人観光客から日本の食事は美味しいといわれますが，小麦，トウモロコシ，大豆，牛肉，豚肉，バター，チーズ，ベーコンの多くは，輸入品です。醤油や味噌の原料である大豆も輸入品が多く使用されています。

　福岡県は，ラーメン用小麦「ラー麦」を開発し，「ラー麦」を使用する福岡のラーメン店数は約190店舗（2022年3月時点）です。ラーメン店→製麺所（ここが重要ポイントです）→小麦農家の生産量増加は，逆6次産業化といえます。

第1章　地域創生の新しいデザイン　13

　香川県の小麦作付面積は，1962年に1万7,700haでしたが，1977年には367ha
にまで減少しました。1987年には4,130haまで回復しますが，再び減少に転じ，
1997年に475haとなりました。その後，徐々に作付面積は増加し，2022年には
2,357haとなっています。2020年の福岡県の小麦作付面積は22,100haで，うち
「ラー麦」の作付面積は，1,840ha（2009年は149ha）でした。

　さぬきうどんのために開発された小麦である「さぬきの夢」を原料とするう
どん麺の増加は，「うどん県」としての義務です。

（3）　1次産品の輸出

◆海外市場の開拓

　1962年の1人当たり米消費量は118kgでした。2022年には50.8kgにまで減少
しています。主に食の欧風化の影響によるものですが，2010年以降は高齢化の
影響も強くなっています。おにぎりブームや輸入小麦価格の高騰，インバウン
ドの増加は，米消費にプラスとなっており，1人当たり米消費量に底打ち感が
みられます。2024年から25年にかけて米の小売価格は高騰しましたが，人口減
少による米需要減少（10万トン/年）は，これからも続きます。

　米の生産量上位の県は，新潟県，北海道，秋田県，山形県，宮城県，茨城県，
福島県，栃木県，千葉県，岩手県といった北海道・東北・関東の県です。関東
を除くと，人口減少率の高い地域と重なります。米粉の活用や飼料化も模索さ
れていますが，米作維持のためには，米の輸出量・輸出額を大幅に増やさなけ
ればなりません。

　世界最大の米市場である中国への輸出を拡大するには，農林水産省，経済産
業省や外務省による国際交渉が不可欠です。中国政府が承認した精米所や燻蒸
施設は，米どころである北海道・東北にはほとんどありません。9都県は，い
まだに中国政府により輸入禁止地域に指定されています。米の関税割当枠がな
ければ65%の関税（別途増値税が9%）もかかります。

　日本酒の瓶は，ワインの瓶と形状が異なるため，日本酒のEUへの輸出が禁
止される可能性がありました。日本政府の粘り強い交渉の結果，2024年3月，
日本酒などは規制対象からはずれることで基本合意しました。このような外交
交渉も地域創生につながります。

14 第 1 部　国土と地域のデザイン

◆木材輸出の増加

　2013年以降，日本の木材輸出は増加しています。海外での森林保護の動きや，海外産木材の価格上昇，中国での日本産木材に対する需要の増加が背景にあります。円安によって日本の木材の価格競争力は高まりました。

　「農林水産省の2013年輸出入概況によると，林産物の輸出額は，2009年の93億円から2013年の152億円へと増加しました」[6]，と前著には書いたのですが，2024年には667億円にまで増加しています（第 8 章参照）。

◆農林水産物貿易の赤字

　日本からの農林水産物・食品の輸出額は，確かに増加傾向にあります。日本からの牛肉輸出量，輸出額も増加傾向です。ところが，円安と海外の穀物等の価格上昇によって，農林水産物の貿易赤字は急増しています。

　2023年の農林水産物の輸出額は，1 兆3,581億円にまで増加しました。しかし，輸入額は12兆7,890億円となり，貿易赤字額は11兆4,309億円です。

◆農地・農家・農業従事者減に歯止めはかけられるのか

　労働政策研究・研修機構によると，第 1 次産業就業者数は，1951年の1,668万人（46％）から2023年には199万人（2.9％）まで減少しました。第 3 次産業化（産業構造の高度化）は，いまだ継続しています。ドイツは1.2％，イギリスは1.1％，アメリカは1.4％，フランスは2.5％です（2018年）。日本の第 1 次産業就業者比率は，欧米先進国に近い水準にまで低下しました。

　農水省の定義する基幹的農業従事者数は，2000年の242万人から2022年には123万人にまで減少しました。基幹的農業従事者数の平均年齢は68才（2021年）で，70才以上が57％を占めています。2040年には基幹的農業従事者は60万人，第 1 次産業就業者数は100万人程度にまで減少するでしょう。とはいえ，今後は第 1 次産業就業者数が1/9にまで減少するような劇的な変化は生じません。

　食糧安全保障という追い風も吹いています。農地や山林を次の担い手に適切に（農地の集約，経営規模拡大）つなげ，生産性と所得の向上，国際競争力の強化，地域おこし協力隊によらない自発的な田園回帰へとつなげられるのかが問われています。第 1 次産業就業者比率1.5％での底打ちが，地域創生の目標

第1章　地域創生の新しいデザイン　15

の一つです。

　販売農家数の減少は，農業の規模拡大と表裏一体の関係です。農林業の生産性向上には，農地・山林の集積・集約と経営規模拡大が必須ですが，それは農山村での雇用の減少をもたらします。農山村は，サービス業をいかに取り込むのかという課題を背負っているのです。インバウンド，二地域居住，居住地自由化，サテライトオフィス，トレッキング，キャンプ，農山村留学など，多様な機会が生まれています。

3　地域の付加価値創出に向けて

（1）　産業クラスター

◆カリフォルニア・ワインクラスター

　産業クラスターは，あえていえば，イノベイティブかつ大規模な6次産業化です。産業クラスター論の創始者であるマイケル・ポーターの産業クラスターに関する初期の論文で取り上げられたのは，アメリカのカリフォルニア・ワインクラスターでした。ワインクラスターを構成するのは，ブドウ栽培農家，ワイン醸造所，肥料メーカ，ブドウ収穫機器メーカ，ワイン醸造装置メーカ，樽・瓶・ボトル・ラベル・キャップ・コルク生産者，ワイン関連雑誌，観光業，カリフォルニア州政府，カリフォルニア大学デービス校・ワイン研究所などです。

　産業クラスターと6次産業化には共通点があります。いずれも1次産業＋2次産業＋3次産業の組み合わせであるという点です。しかし，異なる点もあります。それは産業クラスターの規模は，日本の6次産業化の事業規模と異なり，きわめて大きいという点です。規模が大きいということは，関連支援産業や関連機関も多様かつ多数であることを意味します。カリフォルニアワイン協会によると，アメリカのワイン生産の81％をカリフォルニア州が占めており，4,200場の保税ワイナリーがあり，輸出額は13.6億ドルとされています（2019年）。2019年の平均為替レート109円で換算すると，輸出額は1,482億円です。日本の

16　第 1 部　国土と地域のデザイン

ワインの輸出額は，約 7 億円にすぎません（2023年）。

　関連する機器・装置・機械・ソフトウエア部門が産業クラスターの構成要素に含まれるかどうか，そして大学や民間の研究機関との共同研究が可能なレベルにあるかどうかという 2 点が産業クラスターのイノベイティブ性に強い影響を与えます[7]。

◆地方の産業クラスター

　研究開発は東京圏，地方は量産工場といった階層性は緩和されています。79円台まで円高となった時期を乗り越えて，国内に立地継続している工場は，国際競争力の高い先端的製品を生産しており，研究開発機能を有する工場もあります。前著で取り上げたオリンパスの内視鏡を基盤とした福島県の医療機器クラスターは，地場企業の医療機器産業への参入や，福島県立医科大学，福島大学，日本大学工学部との連携による研究開発力の向上につながっています。

　厚生労働省の「薬事工業生産動態統計」が使用できなくなっており，正確なことはいえませんが，医療機器の生産については，静岡県，埼玉県とともに日本の主要生産地域となっていると思われます。工業統計表によると，福島県の医療用機械器具の部品生産額では2006年から2020年にかけて11年連続全国 1 位です。

　前著で取り上げた愛知県を中心とする航空機クラスターは，三菱航空機の挫折により，大きな修正を求められています。ボーイング社の生産も事故の影響もあり，低迷しており，ボーイング社の下請の多い日本のメーカの生産にも影響を与えています。しかし，日本産業にとって，航空宇宙産業は重要な産業であり，近年は北海道や和歌山県などでの民間の発射基地設置を核とした宇宙産業クラスターが検討されるようになっています。その道筋は容易ではありません。しかし，容易ではない事業にチャレンジするのが先進国の地域の役割だと思います。

　半導体クラスター形成には，九州各県に立地している半導体製造装置やシリコンウエハーの工場，福岡市内での半導体の設計，デザインを行うベンチャー企業も貢献しています。地域生活圏は，高速道路の整備により，県境を越えて広域化・複合化していますが，「地域産業圏」は，さらに広域化しています。

第1章　地域創生の新しいデザイン　　17

市町村や都道府県単位ではない，広域的地域産業戦略が必要です。テクノポリス計画のような県単位の，そして指定地域エリアの狭い産業計画では，県間の敵対関係につながり，有効な産業発展戦略を打ち出せません。

（2）　グローバル地域創生

◆国土の末端を国土の先端へ

「国土の均衡ある発展」とは，国土の末端地域，辺境地域が国土の先端地域になることです。国土の先端地域として注目されているのは，福岡県と沖縄県です。国土の中心に中枢管理機能，その周辺に工業地帯，遠隔地に農林水産業と観光業といった有機的・階層的地域構造の改変には，末端地域の先端化が必要です。

筆者は，2001年に福岡市国際化推進懇談会会長を務めました。その際に目標とした2015年の国際化指標をクリアできなかったのは，博多港の外貿コンテナ個数100万個だけでした。2023年の博多港の外貿コンテナ貨物量は83万個で，まだクリアできていません。内貿コンテナを含んでも91万個です。それでも地方港湾では1位で，大阪港に次ぐ全国6位となっています。2023年の外貿コンテナ個数は，苫小牧港18万個，広島港16万個，仙台塩釜港12万個にとどまっています。輸出額でみれば，2023年の博多港は4兆2,000億円で，大阪港の4兆3,000億円と並ぶまでになっています（第4章）。当時国際化指標に含まれていなかったクルーズ船の寄港数については，那覇港の260回に次いで，博多港は229回の全国2位でした（2019年）。

2023年の福岡市での国際会議開催件数（ICCA調べ）は，東京，京都，大阪，横浜に次ぐ5位（札幌市も5位），アジア太平洋地域で30位でした。アジア太平洋地域における都市のポジションを意識する時代に入っています。

◆入口で完結している環日本海交流

北海道の根室市や稚内市，東北，北陸，山陰などの日本海側地域の末端性，あるいは辺境性は，ロシア，北朝鮮，中国の対岸地域との低調な国際交流に原因があります。稚内市や根室市，新潟市などの自治体単位の「地方創生」ではいかんともしがたい難しい問題です。

18　第1部　国土と地域のデザイン

　環日本海構想のビジョン作成において重要な役割を果たすと期待され，11の県と新潟市が参画して1993年に設立された新潟市の環日本海経済研究所は，2023年に廃止され，新潟県立大学北東アジア研究所に縮小・改編されました。

　環日本海交流は，おそらく環日本海の入り口に位置している下関市，北九州市，福岡市と韓国・釜山市との人流・物流・貿易が9割以上（95％以上かもしれません）を占めており，環日本海の入り口で完結してしまっている状態のままです。

◆国土の末端：沖縄の戦略

　沖縄県の出生率は，全国1位です。人口減少率も低く，将来の地域の消費水準も相対的に高い地域です。ブランド総合研究所「『消滅しない』都道府県ランキング2024」および「都道府県『幸福度』ランキング2024」はいずれも沖縄県が全国1位です。2020年度の1人当たり県民所得は，まだ全国最下位ですが，2024年度の沖縄県の最低賃金は，全国最下位を脱しました。秋田県の951円を上回り，高知県，熊本県，宮崎県と同じ952円となりました。

　筆者も委員と参画していた，前著で取り上げたANAの沖縄貨物ハブ事業は中止となってしまいました。沖縄県にベースカーゴが少なく，事業としては黒字化が難しかったようです。那覇空港を活用した新国際物流戦略は，**図表1-1**をご参照ください。

　三大都市圏の空港（成田・羽田・中部・関西・大阪・神戸）以外の空港間を結ぶ航空路線で，もっとも旅客数の多い路線は，7位の福岡―那覇の203万人です（2023年）。25位は那覇―石垣の97万人，34位は那覇―宮古の85万人です。福岡と沖縄のつながりは，観光だけでなくビジネスの面でも高まっています。

　実は，旅客数の多い上位50路線のなかで，地方空港間の路線は，5路線しかありません。残りの2路線は，仙台―新千歳と福岡―新千歳です。

　石垣港や平良港（宮古島）での大型クルーズ船用バースの設置とクルーズ船寄港回数の増加は，国土の辺境離島の国際リゾートとしての地位を高めました。コロナ禍前の2019年のクルーズ船寄港回数は，石垣港が5位148回，平良港が6位147回でした。1位は那覇港260回，2位は博多港229回です。ちなみに，横浜港188回，神戸港131回，大阪港62回，名古屋港39回，東京港は36回でした。

図表1-1 沖縄国際物流ハブの新モデルのネットワーク

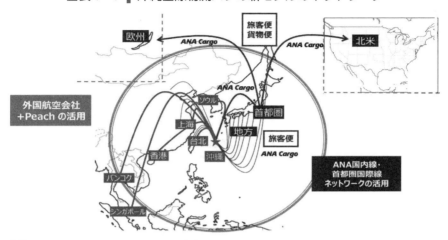

出所：https://www.anahd.co.jp/group/pr/202101/20210129-2.html

◆境港の地理的優位性

　日本海側の港湾では，14位境港（鳥取県）53回，15位金沢港51回，20位舞鶴港34回が上位20港に入っています。境港は，山陰観光の拠点であると同時に，金沢港，博多港，釜山港の前港・次港となる，クルーズ船寄港地としての地理的優位性を有しています。境港にとっては，博多港，金沢港，釜山港との連携が重要です。

　41位新潟港14回，54位酒田港8回，72位伏木富山港および敦賀港4回と少なく，日本海側の港のクルーズ船寄港回数では明暗が分かれています。

　人口の少ない地域ほど，グローバル地域創生戦略が必要です。そのためには，国内外の遠隔地とつながる港と空港の活用が重要なのです。

（3） インバウンド地方創生

　外国人観光客の消費は，輸出と同じです。地方の飲食店も輸出産業として機能しえます。農山漁村，離島であっても，多様なニーズを有する外国人観光客の誘致は可能です。コロナ禍による地方空港の国際線の運休もあり，東京都の2023年の外国人延べ宿泊者数は，全国の37.4％を占めました。京都府と大阪府

20　第1部　国土と地域のデザイン

を加えると，3都府だけで64％を占めています。「3都府一極集中」の状況です。

　今後リピーターが増えると，東京から京都・大阪のゴールデンルート以外の地域への外国人観光客の訪問は増えるとされていますが，島根県，鳥取県，山口県，秋田県の外国人延べ宿泊者数は10万人以下です（2023年）。東京都の人口は島根県の人口の22倍ですが，外国人延べ宿泊者数では島根県の819倍です。

　2022年の島根県の財政力指数は，全国47位で0.25です。島根県，鳥取県にはそれぞれ2つの空港があります。クルーズ船寄港回数の多い境港もあります。山陰地域全体で，外国人観光客の誘客をさらに進める必要があります。

　プライベートジェット用空港として，福井空港の活用なども考えられます。和歌山県の南紀白浜空港には，富裕層の所有するプライベートジェット機や，チャーター便が飛来するようになっています。

　日本人宿泊者数の方が多く，外国人観光客に固執すべきではないという意見もあります。しかし，今後の日本の人口減少を考えると，外国人観光客の誘客は重要です[8]。2023年に地方圏で外国人延べ宿泊者数が150万人を超えたのは，空港の利便性の高い北海道713万人，福岡県504万人，沖縄県448万人の3道県のみです。

4　東京創生と地方の創生

（1）　東京の地域創生

　東京には東京の地域創生の課題があります。①子どもを生み育てやすい環境を創造すること（とくに住宅政策：子育て世帯用都営住宅のさらなる拡充と空き家の活用など），②都心居住（またはテレワーク）を促進し，通勤時間の短縮，勤労者の自由時間を増やすこと，③羽田空港の滑走路増設によって羽田空港の国際便を増便すること，④羽田・成田空港へのアクセスを改善すること（できれば現在構想中の羽田アクセス線に加え，新幹線やリニアモーターカーの乗り入れ），⑤都市の木質化の推進，⑥電線の地中化や古い狭小住宅地区の

再開発やKK線の遊歩道化などによってwalkableな空間を創出すること，⑦都心を大企業の本社機能で埋め尽くすのではなく，スタートアップや社会的企業の創業環境としても活用すること（三井不動産の日本橋でのバイオベンチャー育成のような），⑧臨海部の鉄鋼，石油化学，火力発電所跡地は，親水空間や港湾用地に転換していくこと，⑨国際金融都市へと飛躍すること，⑩都市農地・都市公園・特別緑地保全地区・樹冠被覆率の拡大や，未来世代のために改めてグリーンベルト構想を検討・実現していくことなどなどです。もちろん，デジタル赤字の削減も東京圏の地域創生の課題です。

（2） 地方の創生に向けて

　地方の課題は，それぞれの地域ごとに多様であり，一概にはいえません。地域の課題解決には，時代の変化に対応して，多様な手法や「スキーム」，多様な主体，多様な資金による，地域の自然や資源，実情に応じた付加価値創出戦略が必要です。一過性のイベントの開催やご当地カレーのような特産品づくり，ゆるキャラ，Ｂ級グルメなど，どの地域でもできるお手軽な「地方創生」はやめるべきです。地産地消や６次産業化の効果は限定的です。そして，農林水産業や工場の生産性向上は，国際競争力の観点からきわめて重要ですが，雇用の削減につながることを，正しく認識すべきです（第８章，第10章）。

　危機感に煽られ，自治体単位で５年単位の目標や実現困難な将来推計人口をもとにして，全国各地で一斉に似通った政策を行うのは有効ではありません。地方自治体単位だけではなく，１㎢のメッシュ地域から，複合的な生活経済圏や地域ブロック，国際交流圏にいたる重層的な地域戦略を構想すべきです。

　地方創生のKPI実現のための自治体単位での人口誘致競争策は，都市圏単位でみると合成の誤謬（中心都市の人口減少，都心の人口密度低下・空洞化，都市のスプロール化）をもたらします。中心都市の通勤圏内にある町村での新規住宅開発による人口増加を，奇跡の村，奇跡の町ともてはやすのもやめるべきです。

◆ロジスティクス地域創生

　三大都市圏から離れた地方の産業にとって，これから深刻となるのは，物流

22　第1部　国土と地域のデザイン

や送電問題です。国内外の多様な地域に速く安く安全・確実に輸送できる物流システムの構築は，地域産業の未来を左右します。九州の港湾・空港，とくに博多港と福岡空港は，そのシステム構築に成功しつつあり，九州の農林水産業・食品輸出を支える社会資本になりました。「産直港湾」や「産直空港」の存在とそれらの物流機能の水準は，後背地の農林水産業および食品業の持続性を規定します。

　日本は海洋国家です。RORO船やフェリーをもっと活用すべきです。長崎港―博多港や苫小牧港―釧路港などの近距離輸送においても，トラック輸送からRORO船へモーダルシフトする必要があります。いまや北九州の響灘にあるひびきコンテナターミナルは，神戸港の外港として戦略的な機能を果たすようになっています。

　日本に97設置された空港も，旅客だけでなく，航空貨物の輸送拠点として活用すべきです。2024年3月，ANAは，羽田空港と新千歳，福岡，伊丹線で空いている貨物スペースを昼間最大1/10にまで引き下げ，トラック運賃と同じ価格で販売することを決めています[9]。このような企業戦略も，「広義の新しい公共」です。

◆地域の自立は日本を救う

　日本の名目GDPは，2023年にドイツに抜かれ世界4位となりました。日本生産性本部によると，2023年の日本の労働生産性は，OECD加盟38カ国中29位でした。2023年の日本の1人当たり名目GDPは，世界34位にまで下落しています。

　ですが，アンホルト・イプソス国家ブランド指数2023では，世界60カ国中1位です。ガラパゴス化の指標と揶揄されもしますが，MITメディアラボの経済複雑性指標（ECI）は20年以上世界1位です。経済複雑性は，多様な産業クラスター形成のポテンシャルと読み替えできます。

　アメリカの旅行雑誌「コンデナスト・トラベラー」は，2023年日本を世界で最も魅力的な国1位に選びました。2024年の旅行・観光開発ランキング（世界経済フォーラム）では世界3位，「ファースト・ムーブ・インタナショナル」のGoogle検索による移住したい国ランキング2024年では世界10位です。ニュー

ヨーク・タイムズ紙に，世界で訪れるべき都市として，盛岡市・福岡市（2023年），山口市（2024年），富山市・大阪市（2025年）が選ばれています。日本および日本の地方は，世界から評価されている発展ポテンシャルを十分に認識・活用できていないのです。

地域創生は，市町村に限定されない，多様な地域における付加価値の創出戦略であり，地域からの日本のGDP，経済発展への貢献です。地域創生の目的は，中央政府に過度に依存しない地域への移行です。

貿易赤字が増え続けているのは，農林水産物・食品，医薬品・医療機器，デジタル，航空・宇宙の部門です。農林水産物・食品の貿易赤字の削減は，北海道，東北，九州などの地方の役割です。医薬品の貿易赤字の削減には，関東，東海，近畿，北陸の医薬品産業クラスターの競争力向上が必要です。デジタル赤字の削減は，東京圏の役割でしょう。第10章で取り上げる金融資産立国として資産運用会社の誘致や設立も必要であり，札幌市や福岡市は，支店都市から金融都市，本社都市への飛躍が求められています。

地域創生は，地域経済活性化であると同時に，産業，貿易，雇用，人口，観光，エネルギー，環境など，日本や世界の課題解決に貢献する戦略でもあるのです。

注

1　天野馨南子「出生『数』変化で知る都道府県の「本当の少子化」(2) − 東京一極集中が示唆する出生減の理由」ニッセイ基礎研究所2023年5月22日
　　https://www.nli-research.co.jp/report/detail/id=75073?site=nli
2　『国土形成計画（全国計画）』2023年7月，p.22.
3　山﨑朗「危機の国土計画と国土計画の危機 − 幻想と願望の国土計画からの脱却」『地域開発』Vol.643，2022年。
4　山﨑朗（2024）「発展による国土の均衡化」『地域開発』Vol.650。
5　山﨑朗・鍋山徹編著（2018）『地域創生のプレミアム戦略』中央経済社，p.94.
6　山﨑朗編著（2015）『地域創生のデザイン』中央経済社，p.13.
7　山﨑朗編著（2019）『地域産業のイノベーションシステム』学芸出版社。
8　山﨑朗・久保隆行（2015）『インバウンド地方創生 − 真・観光立国へのシナリオ』ディスカヴァー・トゥエンティワン。
9　「ANA，国内貨物料金1/10　昼限定，トラック並みで需要代替」『日本経済新聞』2024年3月23日朝刊。

24　第 1 部　国土と地域のデザイン

参考文献

天野馨南子「東京都に人々はどこから来る？『東京一極集中に貢献している』道府県ランキング！」
　『東洋経済ONLINE』2024年 8 月27日。
ウリケ・シェーデ（2024）『シン・日本の経営　悲観バイアスを排す』日経BP日本経済新聞出版。
久保隆行・山﨑朗（2016）『東京飛ばしの地方創生』時事通信社。
日本経済新聞社編（2019）『限界都市　あなたの街が蝕まれる』日本経済新聞出版社。
パラグ・カンナ（2022）『移動力と接続性　上・下』原書房。
ポール・モーランド（2024）『人口は未来を語る』NHK出版。
山下一仁（2022）『日本が飢える！』幻冬舎。
「出生率『東京0.99』別の顔　独身女性流入が押し下げ『改善』の地方は流出」『日本経済新聞』
　2024年 7 月21日朝刊。

第**2**章　人口動態と地域創生

この章の概要

　2010年代半ば頃から，東北地方にて若年女性の転出や出生率の低下が顕著となりました。その結果，2050年の人口減少と高齢化は東北地方で深刻化します。

　市区町村に着目すると，東京圏の市区町村や大阪市で転入超過傾向が強く，東京一極集中が再び強まっています。一方，東京都の2023年の合計出生率は0.99と1を割り込みました。

　本章では，2010年代半ば以降の少子化政策と地方創生政策を取り上げます。2014年の「増田レポート」による「消滅可能性都市」の公表は，大きな衝撃を与え，「まち・ひと・しごと創生法」につながりました。さらに2023年には「デジタル田園都市国家構想総合戦略」が閣議決定されました。

　これらの政策動向を踏まえながら，「人口戦略会議」による2024年版の「消滅可能性都市」の結果を紹介し，「自立持続可能性自治体」とされている自治体の特徴を明らかにします。

1　地域人口の変遷

（1）　高度成長期からバブル崩壊以降

　1950年代や60年代の高度成長期には，地方から三大都市圏へと多くの人が移動しました。工業化の進展は，都市と農山村の賃金格差を拡大し，賃金の高い仕事を求めて，農山村から都市に移動するためです。また，大学進学率の上昇も都市への人口流入要因です。

　1965年の東京圏への転入超過数は約30万人，大阪圏は約14万人，名古屋圏は約5万人でした。1970年代半ばのオイルショックの不況期には，三大都市圏へ

26　第1部　国土と地域のデザイン

の人口流入傾向が弱まりました。とくに，大阪圏は1970年代の中頃から約10年間は転出超過となりました。また，バブル崩壊後には，東京圏での転入超過傾向が弱まり，1994年には戦後初めての転出超過を記録しました。

　1997年頃からは，再び「都心回帰」の傾向が強まりました。地価の下落，金利低下による住宅ローンの金利負担の低下，また，少子化や単身世帯化により，住宅面積よりも職場との近さを重視する傾向が強まったことなどが理由です。

　バブル崩壊，ITバブル崩壊，リーマンショック，コロナパンデミックにともなう景気悪化は，東京圏への転入超過を抑制するよう作用します。それに対して，大阪圏や名古屋圏は，東京圏と同様に景気変動にともなう転入や転出の増減はあるものの，東京圏と比較すると，その変化は小さくなっています。

　東京圏の転入超過数を年齢層別にみると，20〜24歳が7割程度を占めています。15〜19歳，25〜29歳を含めると，約9割になります。

　転入超過は，都市への人口集中を促進します。1960年の東京50km圏の人口は，日本の人口の16.3％でした。1970年には21％になっています。上昇傾向はその後も継続し，2015年には26.2％と，日本人の4人に1は東京50km圏内に居住するまでになりました。大阪50km圏内，名古屋50km圏内は1960年から1970年にかけては増加傾向ですが，その後はほぼ一定であり，大阪圏は微減しています。

（2）　2010年代の人口移動と出生率

　2011年の東京圏への転入超過数は6.3万人でした。2019年の転入超過数は14.6万人です。

　その要因のひとつは，東北地方からの若年女性の転出超過数の増加です。東京圏への北海道，東北（新潟県を含む）からの若年女性の転入超過数は，2012年から2019年にかけて増加しています（図表2−1）。2020年はコロナパンデミックもあり，転出超過の傾向は弱まりましたが，2021年からは再び転出超過傾向が強まっています。なかでも20-24歳女性のウェイトが高く，2010年代はこの世代の転出傾向が高まりました。逆に，15-19歳女性の転出傾向は，わずかながら弱まっています。近年は就学移動ではなく，就職移動が増加していると推察されます。

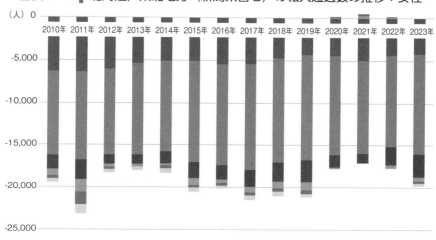

図表2-1 北海道，東北地方（新潟県含む）の転入超過数の推移：女性

出所：総務省統計局『住民基本台帳人口移動報告』

　2010年代は，出生率に関する地域差も顕著になりました。北海道と東北は，他の地域ブロックと比較して顕著に低下しています。

　2023年の日本の出生率は1.20という歴史的な水準にまで低下し，東京都は0.99と，1を下回りました。しかし，北海道1.06，宮城県1.07，秋田県1.10は東京都とあまり差がないばかりか，東京圏である神奈川県や千葉県よりも低くなってしまっています。出生率の高い県は，沖縄県，長崎県，宮崎県，鹿児島県，熊本県ですが，それでも1.60を下回っています（**図表2-2**）。

　市区町村別でみると，出生率上位10位に入っているのは，沖縄県が7つ，鹿児島県が3つで，すべて南西地域です（**図表2-3**）。これらの地域では合計出生率は2を超えています。上位20位まで広げても，熊本県1つ，長崎県1つで，18地域は，沖縄県と鹿児島県の市町村です。とくに，南西諸島の自治体の出生率は高くなっています。

　出生率下位10位の市区町村は，京都府3つを筆頭に，東京都2，埼玉県，神奈川県，大阪府，福岡県，北海道が各1つで，いずれも出生率は1を下回っています。下位20位まで広げると，東京都の4，大阪府3つに加えて，京都市，

仙台市，北海道当別町が入ります。

図表2-2 ┃ 都道府県別合計出生率

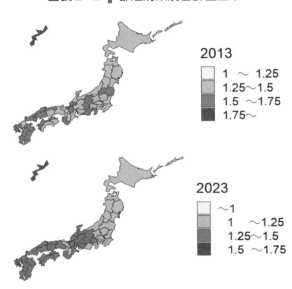

出所：厚生労働省『人口動態統計』

図表2-3 ┃ 市町村別合計出生率ランキング

〈上位〉

順位	都道府県	市区町村	TFR	15〜49歳女性人口
1	鹿児島県	大島郡 徳之島町	2.25	1,523
2	鹿児島県	大島郡 天城町	2.24	705
3	沖縄県	国頭郡 宜野座村	2.20	1,088
4	鹿児島県	出水郡 長島町	2.11	1,339
5	沖縄県	国頭郡 金武町	2.11	1,880
6	沖縄県	島尻郡 南風原町	2.10	8,913
7	沖縄県	島尻郡 久米島町	2.07	1,119
8	沖縄県	宮古島市	2.06	8,976
9	沖縄県	島尻郡 八重瀬町	2.05	6,141
10	沖縄県	糸満市	2.02	12,081

〈下位〉

順位	都道府県	市区町村	TFR	15〜49歳女性人口
1	京都府	京都市 東山区	0.76	8,254
2	大阪府	大阪市 浪速区	0.80	18,644
3	京都府	京都市 上京区	0.80	19,421
4	京都府	京都市 下京区	0.82	21,445
5	埼玉県	入間郡 毛呂山町	0.83	6,671
6	福岡県	福岡市 中央区	0.85	58,771
7	東京都	豊島区	0.89	67,417
8	東京都	中野区	0.91	81,036
9	北海道	札幌市 中央区	0.91	59,885
10	神奈川県	足柄下郡 箱根町	0.92	1,865

出所：厚生労働省『平成30年〜令和4年人口動態保健所・市区町村別統計の概況』より筆者作成

(3) 地域の外国人居住者の特徴

近年,外国人人口が地域人口に与える影響が大きくなってきました。居住外国人に関する統計はいくつかありますが,今回は「住民基本台帳人口」を用います[1]。2022年の「住民基本台帳」[2]に基づく外国人人口は299万人で,日本の人口の2.4%です。三大都市圏や北関東から兵庫県に至る太平洋ベルト地帯で高く,太平洋ベルト地帯から離れた地域では,外国人人口比率は低いのが特徴です(図表2-4)。政令指定都市のある福岡県や宮城県の外国人人口比率は高くありません。

都道府県別にみると,東京都の4.2%がもっとも高く,次いで愛知県,群馬県,三重県,岐阜県,大阪府と続きます。外国人人口比率の高い都道府県は,東京都,愛知県,大阪府のような三大都市圏の中心の都府県だけでない点には注意が必要です。

外国人人口比率の低い県は,秋田県(0.48%),青森県,岩手県,高知県,山形県です。東北は,2010年代半ば以降,出生率が低下し,さらに若年女性の転

図表2-4 都道府県別外国人比率

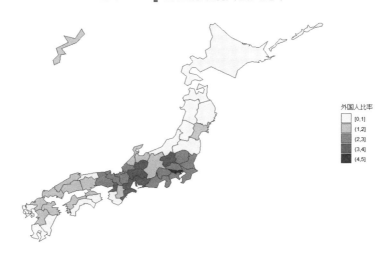

出所:総務省統計局『住民基本台帳』

出超過傾向が強まったことを述べましたが，外国人人口比率も低くなっています。

（4） 2050年の人口構造予測

2023年12月に国立社会保障・人口問題研究所（以下，社人研）は「日本の地域別将来推計人口」を公表しました。やはり東北の人口減少率は高く，高齢化の進展も速いと予測されています（図表2-5）。秋田県の2050年の人口は2020年と比べて40％以上も減少し，2人に1人が65歳以上となるとされています。

2024年4月，「人口戦略会議」（三村明夫議長）は，2020～50年の30年間で，子どもを産む中心の年代となる20～39歳の女性が半数以下となる自治体は「消滅可能性」があり，40％超の744自治体が該当するとした結果を公表しました。2014年に公表された896自治体（2010年～2040年）より少ないものの，日本の自治体の約半数は，消滅可能性都市と認定されたことになります。とくに，北海道や東北の地方自治体が多くなっています。

図表2-5 ▎2050年の人口減少率と高齢化率

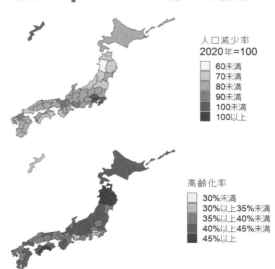

出所：国立社会保障・人口問題研究所「日本の地域別将来推計人口（2023年推計）」

第2章　人口動態と地域創生　　31

2　大都市の人口移動

（1）　政令指定都市の人口社会増減

　大阪市は，阪神淡路大震災のショックによる1995年を例外として，1963年以降一貫して転出超過でした。2000年以降は転入超過に転じ，2020年には17,000人の転入超過となりました。コロナショックの影響で2021年の転入超過数は1万人を割り込みましたが，2023年には14,800人の転入超過でした[3]。

　福岡市は安定的に転入超過傾向であり，近年ではやや転入超過の傾向を強めています。コロナショック前の2019年には1万人を超えており，コロナショック期には1万人を割り込みましたが，2023年には再び回復して11,800人の転入超過となりました。

　横浜市は2000年代前半には転入超過数が2万人を超えていましたが，近年は1万人前後となっています。名古屋市は，2002年以降，2010年を除いて一貫して転入超過です。札幌市は2013年と2020年には転入超過数が1万人を超えましたが，その間は7,900人から9,100人の間で上下変動を繰り返しており，2023年には8,800人の転入超過数となっています。仙台市は2000年代後半には転出超過でした。2010年以降転入超過となり，2011年と2012年は5,000人以上の転入超過数でしたが，その後は2,000人前後で上下変動を繰り返し，2023年には2,400人の転入超過数となっています。

　逆に北九州市は，2011年を除いて1989年以降一貫して転出超過です。神戸市は2014年，京都市は2017年，広島市は2019年以降，転出超過となっています[4]。

　政令指定都市は全国で20市指定されています。そのうち2022年に転入超過となったのは，札幌市，仙台市，さいたま市，横浜市，相模原市，川崎市，千葉市，名古屋市，大阪市，福岡市の10市です。だだし，自然減の増加により2024年に札幌市，仙台市，横浜市の人口は減少しています。2024年に人口が増加した政令指定都市は7市となりました。

　市区町村でみますと，転入超過率が高いのは，東京特別区や政令指定都市が

32　第1部　国土と地域のデザイン

図表2-6 ┃ 市区町村の転入超過率ランキング：2022年

都市	人口	自然増	社会増	都市	人口	自然増	社会増
名古屋市中区	83,703	−0.17	3.06	海老名市	135,892	−0.18	1.38
大阪市中央区	102,757	0.23	2.51	大阪市北区	130,509	0.13	1.33
さいたま市大宮区	120,900	−0.23	2.32	大阪市西区	100,818	0.11	1.31
大阪市浪速区	63,537	−0.43	2.08	つくばみらい市	52,259	−0.36	1.29
印西市	107,245	−0.04	1.93	台東区	191,453	−0.42	1.29
稲敷郡阿見町	47,962	−0.52	1.81	大阪市西成区	93,090	−2.83	1.27
流山市	204,979	0.11	1.69	福岡市中央区	192,260	0.05	1.27
つくば市	240,112	0.04	1.46	北佐久郡	43,417	−0.78	1.21
札幌市中央区	240,982	−0.48	1.45	北群馬郡吉岡町	22,184	−0.06	1.19
島尻郡八重瀬町	32,438	0.01	1.39	墨田区	266,227	−0.23	1.14

注：人口1万人以上の都市のランキングである
出所：総務省統計局『住民基本台帳人口移動報告』

目立ちますが，大阪市や福岡市では，自然増を伴っている地区もありますが，東京特別区ではいずれも自然減となっています（図表2-6）。

3　2010年代の少子化対策と地方創生に関する政府や自治体の取り組み

（1）　増田レポートと「まち・ひと・しごと創生法」

　2012年の衆議院選挙によって政権の座に返り咲いた安倍政権は，少子化対策と地方創生を政策の重点課題としました。安倍政権が打ち出した少子化対策や地方創生に大きな影響を与えたのは，「増田レポート」が示した「消滅可能性都市」のデータです。

　日本生産性本部が発足させた日本創成会議の人口減少問題検討分科会（座長：元総務大臣増田寛也）は，「20-39歳女性人口」の将来人口推計に基づいて計算し，2010年から2040年にかけて20-39歳の女性の数が半分以上減少する可能性のある都市を「消滅可能性都市」と定義し，このような定義に基づいた「消滅可能性都市全896自治体リスト」を2014年5月に発表しました。この報告

書は「増田レポート」と呼ばれ，大きな反響を呼びました。

　さらに，安倍総理を本部長とした「まち・ひと・しごと創生本部」を2014年9月に設置しました。同年11月には「まち・ひと・しごと創生法」が成立し，この法律に基づき，日本の人口問題についての将来の展望を示す「まち・ひと・しごと創生長期ビジョン」および，地方創生に向けた政府の5カ年戦略である「まち・ひと・しごと創生総合戦略」が閣議決定されました。これらに基づき，自治体は2015年度中に地方版人口ビジョンと総合戦略の策定を，努力義務として求められました。

　少子化対策に関しては，2015年3月には第3次「少子化社会対策大綱」が閣議決定され，従来の少子化対策の枠組みを越えて，新たに結婚の支援を加え，子育て支援策の一層の充実，若い年齢での結婚・出産の希望の実現，多子世帯への一層の配慮，男女の働き方改革，地域の実情に即した取組強化の5つの重点課題が設けられました。先ほど指摘したように，既婚世帯への政策だけでなく，結婚支援や地域振興という視点が入っています。

　2016年には「ニッポン一億総活躍プラン」が閣議決定されました。「ニッポン一億総活躍プラン」は，新たな三本の矢の[5]実現が目的です。このプランでは，「希望出生率1.8」の実現を目標として掲げています。また，このプランの最大のチャレンジと位置づけられた働き方改革に関しては，長時間労働の是正，多様で柔軟な働き方の実現，雇用形態にかかわらない公正な待遇確保のための措置を講じることを定めた「働き方改革関連法」が2018年に成立しました。

（2）　第2期「まち・ひと・しごと創生総合戦略」と 「デジタル田園都市」

　2019年には「まち・ひと・しごと創生長期ビジョン」および，第2期「まち・ひと・しごと創生総合戦略」（2020年に改訂版が成立）が策定されました。2020年の改訂版では，コロナパンデミックの状況を踏まえた政策の方向性が提示されました。具体的には，DX化の推進，脱炭素社会，地方創生テレワーク，魅力ある地方大学の創出，オンライン関係人口の創出・拡大，企業版ふるさと納税，スーパーシティ構想などの取組の推進です。DX化の推進の1つとして，地方創生テレワークの推進があります。

さらに，2021年11月には，デジタル田園都市国家構想の検討が開始され，2022年12月には「まち・ひと・しごと創生総合戦略」を抜本的に改訂し，2023年度を初年度とする5カ年の新たな「デジタル田園都市国家構想総合戦略」が閣議決定されました。総合戦略の基本的な考え方は，デジタルの力を活用して地方創生を加速化・深化し，「全国どこでも誰もが便利で快適に暮らせる社会」の創造です。

デジタルの力を活用した地方の社会課題解決として，①地方に仕事をつくる，②人の流れをつくる，③結婚・出産・子育ての希望をかなえる，④魅力的な地域をつくる，という4つの目標があります。また，デジタル実装の基礎条件整備として，①デジタル基盤の整備，②デジタル人材の育成・確保，③誰一人取り残されないための取組を行うとしています。

実現に向けた新たな主要KPI（重要達成度指標）は，デジタル実装に取り組む地方公共団体を，2024年度までに1,000団体，2027年度までに1,500団体とすることです。地方のデジタル実装のために，1人1台端末を授業でほぼ毎日活用する学校の割合を100％にすることや，物流業務のデジタル化による物流DXの推進状況，5Gの人口カバー率などの数値目標も設定しています。さらに，KPIを達成するために，デジタル田園都市国家構想交付金の活用により，各地域の優良事例の横展開を加速化することも謳っています。

これらの政策は，地方自治体の主体的な取組みを支援するものになっています。人口減少に直面している多くの自治体は危機感を持ってこの課題に取り組んでいます。例えば，富山県では県庁内に「富山県人口未来構想本部」を2024年設置しました。

（3） 自立持続可能性のある市区町村

自然減や社会減が穏やかであるという意味で「自立持続可能性」があるとされた市区町村について取り上げ，それらの地域の特性と共通点を解明してみたいと思います。

◆地域の人口動態の決定要因
出生率に関しては，多くの研究者が合計特殊出生率の変化を有配偶率の変化

と有配偶出生率の変化によって分解したうえで，それぞれの寄与を測定しています。その結果，合計特殊出生率の7割程度が配偶状況によって説明できるとされています。岩澤（2015）は，2012年までの（期間）合計出生率の変化を初婚行動の変化とそれ以外の変化に要因分解し，初婚行動の変化が大きいとしています[6]。

　未婚化の要因について，加藤（2023）は男性の未婚化の主要因はマクロ経済成長の低下にともなう階層格差であり，相対的に低階層の男性から未婚化が進んだと指摘しています。女性の未婚化は，女性たち自身の結婚観の変化であり，結婚が望ましいとする従来の価値観が弱まった結果だと結論づけています。

　これらの分析に対して，3点補足をしたいと思います。1点目は，加藤（2023）の研究でも指摘されているように，1人当たりGDPのような経済水準ではなく経済成長率の低さが与える影響です。1人当たりGDPは高度成長期のほうが低かったのですが，成長率は高かったので，現在の所得が低くても将来は上昇が期待されたために，未婚率は低かったと考えられることです。

　高度成長期の結婚の決定要因の分析では，健康状態の悪さと未婚に強い相関が確認されています。健康であれば，現在の所得は低くても，将来収入の上昇に対する期待の高さが，婚姻率や出生率にプラスの影響を与えたと考えられます。

　第2に，男女間で異なる理由がある点です。女性の学歴や収入が男性よりも高いカップルは少ないため，男性の学歴や収入が女性と比べて相対的に伸び悩むと，男性の未婚率上昇の原因となります。女性が自分よりも学歴や所得の低い男性を好まない，いわゆる女性の「下方婚の忌避感」も指摘されますが，福田他（2021）は学歴下方婚忌避の傾向は弱まっていると指摘しています。

　第3に，合計特殊出生率にも地域差がありますが，50歳時未婚率にも地域差がある点です。とくに，男性の未婚率の地域差は高くなっています（**図表2-7**）。男性では東京都の32.15％を筆頭に，東日本で未婚率が高く，西日本では，高知県や沖縄県は例外ですが，未婚率が低くなっています。一方，女性では東京都の23.79％を筆頭に，高知県，大阪府，北海道，京都府と続きますが，男性のような地域的な差異はみられません。男女ともに未婚率が低い県は，滋賀県と福井県です。

図表2-7 ┃ 都道府県別50歳時未婚率（2020年）

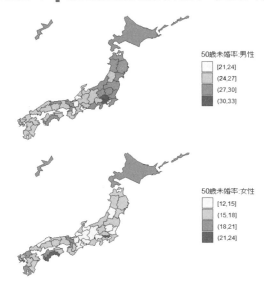

注：45〜49歳と50〜54歳未婚率（配偶関係不詳を除く人口を分母とする）の平均値
出所：総務省統計局『国勢調査』，国立社会保障・人口問題研究所『人口統計資料集』

　北村・宮﨑（2009）は，都市化の程度や男女比は結婚経験率に影響し，男性就業率は男性の結婚率に正に影響するものの，都市化や就業状態では説明できない地域要因も大きいとしています。

◆政策的含意
　2000年代までの少子化対策は，主に結婚している層に対する支援策が中心でした。しかしすでに論じてきたように，出生率の低下の主要因は，有配偶率の低下です。そこで，2010年代半ば頃から，結婚支援に関する政策重要性が認識されるようになりました。マッチングアプリを活用した婚活支援などを行なっている地方自治体もあります。
　将来への期待や希望が婚姻率や出生数に影響を与えることを考慮すると，日本の長期デフレや低成長が出生率の低下と出生数減少の主な要因であったと考えられます。日本の労働生産性の上昇や労働分配率の引上げ，働き方改革など，

第2章　人口動態と地域創生　37

若年者の多様な雇用の創出と将来の成長を若年層が期待できるようにすること
が必要なのです。

◆人口戦略会議による「消滅可能性自治体」

　2014年の消滅可能性都市の定義は，若年女性人口（20歳〜39歳）が2010年か
ら2040年までの30年間で50％以上減少する市区町村でした。2024年もこの定義
を基本的に踏襲し，2020年から2050年の間で若年女性が50％以上低下する地域
を消滅可能性自治体と定義しています。

　2024年ではこの定義に加え，自然減にも注目し，地方自治体を9つに分類し
ています。つまり，自然減に関しては，人口移動がなく出生と死亡のみで人口
が変化すると仮定＝「封鎖人口」のもとで，2050年の20歳から39歳の女性人口
が①20％未満の減少，②20〜50％未満の減少，③50％以上の減少の3パターン
と，人口移動が一定程度続くという仮定に基づき，20〜39歳女性が①20％未満
の減少，②20〜50％未満の減少，③50％以上の減少の3パターンをクロスして
合計9つの類型に地方自治体を分けています。自然減，社会減による女性人口
の減少を軽微（20％未満）に留められている自治体を「自立持続可能性自治
体」，自然減による女性人口の減少が予想される自治体を「ブラックホール型
自治体」，自然減，社会減ともに対策が必要な自治体を「消滅可能性自治体」
としています。

　「自立持続可能性自治体」は65で，1,729自治体の わずか4％にすぎません。
また，「ブラックホール型自治体」は25（約1％）です。東京圏の自治体で
「自立持続可能性自治体」は，印西市と流山市だけとなっています。逆に東京
23区のうち16区は，「ブラックホール型自治体」に該当するとしています。

◆印西市と流山市

　印西市も流山市もいずれも千葉県の自治体です。印西市は千葉県の北部，流
山市は北西部に位置しています。印西市は人口約11万人で，千葉ニュータウン
の一角を占め，成田空港に近いという地理的な優位性があります。1991年には
北総線が都心に乗り入れ，1995年には印西牧の原駅が開業しています。

　開業直後は転入超過でしたが，2000年代前半には転出超過になりました（図

38　第1部　国土と地域のデザイン

図表2-8 ▎印西市と流山市の転入超過数（日本人人口）の推移

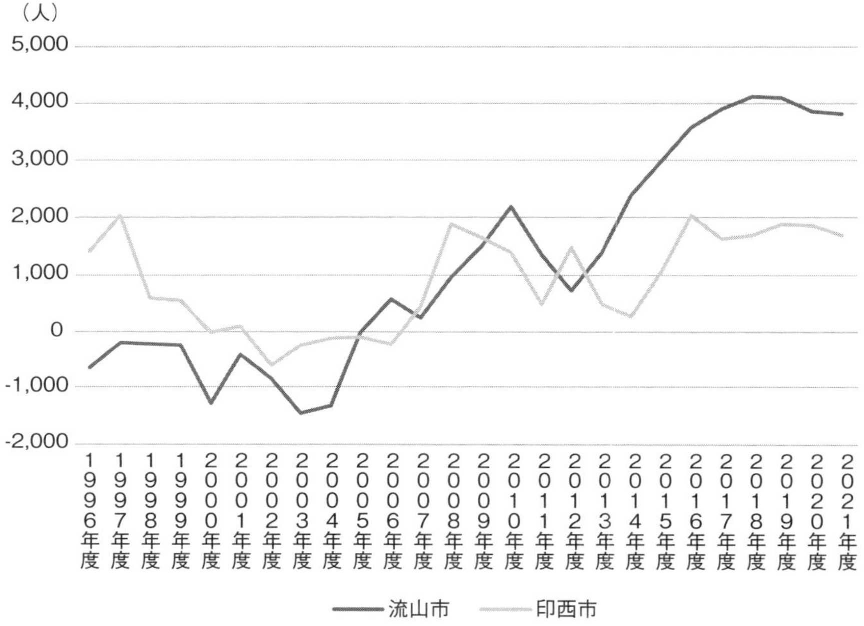

（人）

流山市　　　印西市

出所：総務省統計局『住民基本台帳人口移動報告』

表2-8）。2007年からは再び転入超過となり，現在まで転入超過が続いています。最近ではGoogleやアマゾンを始め世界のIT企業のデータセンターが建設されています。印西市にデータセンターが相次いで建設されている理由としては，成田空港や東京都心に近いこと，地盤が安定しており，災害にも強いこと，平坦な台地が広がっていることなどが挙げられます。

　流山市は人口約21万人の市です。流山市への転入超過の傾向が強まったのは，つくばエクスプレスの開業後の2004年以降です。それ以前はわずかですが，社会減でした（図表2-8）。

　しかし，2004年から2009年にかけては転入超過の傾向が強まりましたが，2009年から2012年にかけては転入超過の勢いは低下しました。2012年以降，再び転入超過数が増加しており，2020年は約4000人の転入超過となりました。また，転入超過ほどは顕著でないものの，自然増にもなっています。印西市とは

第2章　人口動態と地域創生　39

異なり，流山市ではデータセンターの建設が住民の反対で頓挫しています。

　最後に，「人口戦略会議」が社人研の推計に基づいて計算した，2050年の若年女性減少率を確認しておきたいと思います。人口移動を仮定すると流山市では2.4％の上昇であり，印西市は1.5％の減少となっています。若年女性の上昇率がプラスになるのは，流山市を含めてわずか8市町村です[7]。

　印西市や流山市の自治体の取組みが若年女性の転入を促した面は評価されるべきですし，自治体間の競争が地域全体を底上げする効果も否定できませんが，出産意欲の高い世帯を市に取り込むことで，東京圏の出生率や出生数の底上げに貢献したとはいえません。

　東京圏での少子化対策は重要です。しかし，財政力があり，都心への通勤通学の利便性の高い郊外都市への人口流入は，東京一極集中を促進するという面もあります。地方自治体の子育て支援策が重要であることはいうまでもありませんが，財政力の高い自治体の医療費，保育料，教育費，給食費などの無料化は，財政力の弱い地方の自治体から，東京圏の豊かな自治体への人口移動は，地方の出生数を低下させ，人口減少を加速させ，東京一極集中を加速するという負の連鎖を引き起こします。

　地方自治体単位での分析や地方自治体の分類にも一定の意味はあります。ですが，少子化対策は，国が責任をもって実施すべき政策です。子育て支援や結婚支援よりも有効な少子化対策は，経済成長率の引き上げ，持続的な賃金上昇，未来の幸福度の高まりへの期待感の醸成です。

　もちろん，本書で指摘しているように，地方での付加価値の創出，最低賃金の地域間格差の是正など，未来への期待感を高めるような地域創生も重要です。

4　人口減少時代の地域創生

　日本は少子化や人口減少に直面して，コロナ以降はその動きをさらに加速させ，2023年には合計出生率が1.2にまで低下しました。さらに，東京都の合計出生率が0.99と1を割り込み，大きな衝撃を与えました。

　ただし，合計出生率の低下は，日本だけでみられる現象ではなく，子育て支

40   第1部　国土と地域のデザイン

援の充実している北欧においてもみられる現象です。とくに，コロナ以降，先進国の出生率低下傾向が強まっています。

　本章でも紹介したように，国も自治体も子育て支援や結婚支援などに関する様々な政策を実施してきましたが，残念ながら，出生率の上昇という成果にはつながっていません。さらに，東北のような地方では，若年人口数が少なくなっているにもかかわらず，人口転出も増加しています。少子化政策の変遷や効果に関する研究については，松浦（2024）で包括的に説明していますので，ぜひそちらをお読みください。

　出生率が回復したとしても，中期的には人口減少は避けられません。少子化対策をするだけでなく，人口減少社会への対応も併せて行う必要があります。地方では人口減少や人口密度の低下に伴って，水道・下水道・橋梁などのインフラの維持が問題になります。詳しくは他の章で説明されますが，コンパクトシティーを推進することで，効率的にインフラを維持することは避けられません。

　ただし，都市のダウンサイジングによるインフラ維持は地方に限りません。京都大学の森知也は，今後の人口減少を考えると，東京，大阪，福岡で相次いで建てられるタワーマンションが将来，負の遺産になることに警鐘を鳴らしています。今後は人口減少を所与として考えて，低層化を推進することで，災害に強く，人の交流を促す地域コミュニティを構築すべきであると主張しています（森，2024）。

注

1　日本に居住している外国人の統計としては，総務省が5年に1度実施する「国勢調査」，総務省統計局が実施している「住民基本台帳人口移動報告」，総務省自治行政局が実施する「住民基本台帳に基づく人口，人口動態及び世帯数」（以下，「住民基本台帳人口」とする），法務省が実施している「在留外国人統計（旧登録外国人統計）」が存在します。それぞれの統計の特徴や定義の違いに関しては，中川（2015）が詳しく説明を行っている。

2　2012年に入管法と住民基本台帳法が改正されたことで，外国人登録制度は廃止された。そして，外国籍住民も住民票が作成され，2013年より「住民基本台帳人口」が総務省より公開された。

3　日本人人口を用いる。以下も同様である。

4　浜松市は2012年以降，静岡市と堺市は2013年以降，一貫して転出超過である。一方，熊本市は2021年以降，転入超過となっている。ただし，北九州市では2024年に外国人を含めると，492人の

社会増となり，60年ぶりの人口転入超過となった。
5 「希望を生み出す強い経済」，「夢をつむぐ子育て支援」，「安心につながる社会保障」である。
6 出生率を有配偶率と夫婦出生率によって要因分解した研究は，金子（2004），岩澤（2008, 2015）があり，多くの研究では合計出生率の70-75%が結婚行動の変化で説明できるとする。また，都道府県別データを用いた研究として，佐々井（2005）や高橋（2011）がある。
7 つくばみらい市，滑川町，中央区，港区，江東区，御蔵島村，多良間村

参考文献

岩澤美帆（2008）「初婚・離婚の動向と出生率への影響」『人口問題研究』64（4），pp.19-34.
岩澤美帆（2015）「少子化をもたらした未婚化および夫婦の変化」高橋重郷・大淵寛編『人口減少と少子化対策』原書房。
加藤彰彦（2023）「未婚化の主要因」『日本労働研究雑誌』750, pp.21-37.
金子隆一（2004）「少子化の人口学的メカニズム」大淵寛・高橋重郷編『少子化の人口学』原書房。
国立社会保障・人口問題研究所（2023）『日本の地域別将来推計人口（令和5年推計）』。
北村行伸・宮崎毅（2009）「結婚の地域格差と結婚促進策」『日本経済研究』60, pp.79-102.
佐々井司（2005）「市町村別にみた出生率の動向とその変動要因」『人口問題研究』61（3），pp.39-49.
高橋眞一（2011）「地域人口と出生・死亡・結婚」吉田良生・廣嶋清志編『人口減少時代の地域政策』原書房。
中川雅貴（2015）「外国人人口に関する諸統計の比較」厚生労働科学研究費補助金政策科学総合研究事業『人口減少期に対応した人口・世帯の動向分析と次世代将来推計システムに関する総合的研究』（代表者 石井太）。
福田節也・余田翔平・茂木良平（2021）「日本における学歴同類婚の趨勢－1980年から2010年国勢調査個票データを用いた分析」『人口学研究』57 pp.1-20.
松浦司（2024）「少子化対策の30年を振り返る」『日本労働研究雑誌』768 pp.17-34.
森知也（2024）「人口減少時代の大都市はスマートに縮小できるか」『週刊エコノミストOnline』。

第**3**章　地域創生と国土・広域のプランニング

この章の概要

　戦後8番目の国土計画となる第三次国土形成計画（全国計画）が，2023年7月に策定されました。本章では，地域創生のための国土・広域のプランニングについて解説します。

　まず，第1節では国土や都市のプランニングの必要性，市民の間で協力して様々な基盤をつくったり一定のルールを守っていくための，あるべき将来像の共有というプランニングの目的・意義について解説します。そして地域創生が今，必要であることの大きな理由となっている東京一極集中と人口減少の問題に対して，国土計画でどのような将来像をどの程度示していかなければならないかについて述べていきます。

　このことを前提として，第2節では，今次国土計画で示された「デジタルとリアルが融合した地域生活圏」を構築することの意義について述べていきます。急速に発展し続ける情報技術を，地域創生にどの程度活かせるのか，その際リアルな都市サービスとの関係をどのように構築していくかについて概説します。

　この地域生活圏という考え方を中心としつつ，次の第3節，第4節では，それより大きな都市圏を構築することと，それより小さな農山漁村の町村のレベルで行うべきことについて，それぞれ，現在のプランニングに関連する政策を交えながら述べていきます。

　まず大きな都市圏の政策として，現代の市民の多様なライフスタイルや選好に対応した様々なサービスを提供し，同時に地域産業を活性化することによって東京への転出を防ぐ「人口のダム機能」の維持のための，連携中枢都市圏構想・中枢中核都市といった国の制度を解説します。小さな町村のレベルでは，むしろ地域の特徴を活かしたマーケティングに近い取り組みで，特定の階層を呼び込む取り組みの重要性について，代表的な事例を交えて述べていきます。

　そしてこの章の結論として，上述の地域生活圏を中心に，より大きな都市圏と小

さな町村を含めた重層的な地域創生とそのためのプランニングの意義について第5節で述べたいと思います。重層的な圏域構造は以前から示されてきましたが，今日では，広域において市民の多様性に押しなべて対応するようなプランニングが必要であるのに対して，小さなスケールにおいてはローカルな資源を活かしながらむしろ戦略的なプランニングが求められることを主張します。

1　現代の国土のプランニング

（1）　国土のプランニングとは

　ここでは，地域創生のための国土と地域のプランニングについて概説します。まず，なぜ国土や地域の計画・プランニングが必要なのか，最初に簡単に整理しておきたいと思います。

　国土・地域・都市には様々な人々が住み・働き・過ごし，そして様々な活動をしています。お互いの活動を支え合い，またより効率的に，かつ問題なく自分たちの活動を進めていくためには，あらかじめどのような暮らしをしてどのような活動をしていくのかを互いに話し合い，時に費用を出し合いながら共同で進め，時にお互いに迷惑をかけないよう取り決めを作っていく必要があります。

　市民の活動を支えている行政，つまり国や自治体は，納税者から税金を集め，そのお金で道路，公園，公共施設などの社会基盤や，学校教育，社会福祉などの様々なサービスを提供します。それらはいずれも日常生活に必要なものですが，個人個人でそうした基盤を作って利用したりサービスを受けようとすることはできないので，みんなで基盤やサービスにお金を出し合って支え合っています。お互いが支え合ってよりよい活動を進めるためには，どんな社会基盤を整備し，どんなサービスを提供するのか，前もって話し合わなければなりません。それがプランニングです。

　また人々が様々な活動をする際，お互い近くにいてはよくないことがあります。典型的には，大きな音を出す工場と，静かな環境が必要な住宅は，いずれ

44　第1部　国土と地域のデザイン

も都市の重要な機能ですが，近くにあってはお互いの活動に支障をきたすことになります。そこであらかじめ取り決めをして，工場はあの場所，住宅地はこの場所，という形で決める必要が出てきます。これもプランニングです。

こうしたことを，様々な社会基盤・サービス，そして多様な人々の活動について思考を巡らし，自分たちが幸せな生活を送るために，全体としてどんなまちを目指していくのか。そのための，都市全体の将来像を描くことも，プランニングとして重要になります。

将来の望ましい姿から考えて，あった方がよいものや申し合わせておいた方がよい取り決めをあらかじめ自分たちで決めて，それを目指し，形作っていくのがプランニングです。ここでは一つの都市の例を挙げましたが，コミュニティから国土のレベルまで，様々な地理的スケールでプランニングが必要となります。

このように説明すると，計画・プランニングはごく当たり前のように聞こえると思いますが，反論もあります。とりわけ経済学からは，国や地域の理想の形は，人々の活動・行動の結果（需要と供給のバランス）として決まるので，あらかじめ理想の形を誰かが勝手に決めるのはよくない，という批判があがります。

（2）　建築設計と都市のプランニング

プランニングを専門とする筆者は，もちろんこの批判にはくみしないのですが，こうした批判にも一理あります。地域やまちの理想の形は，しばしば「絵にかいた餅」になってしまいがちです。確かに理想が達成できれば素晴らしいけれども，プランニングはみんなで実現するものですから，その理想の実現のために誰がどれくらい汗をかくのかも含めて，理解・納得していなければなりません。そうした理解・納得がなくプランニングが進められると，人々がそれぞれの意思で自由に行動した場合よりもむしろさらに悪い結果を招くことがあります。1980年代までいわゆる東側諸国と呼ばれる国で進められてきた，計画経済による国・地域づくりは，それを象徴しているといえます。

またプランニングの是非の議論は，地理的スケールとも関係しています。たとえば一つの建物を建てるときに設計図が必須であることは，建築を専門とし

ていない人でもわかるでしょう。意匠・デザインよりもむしろ，まず構造として倒れないだけの強度を持っていることが，建築として必須です。柱，梁，壁の材料・位置や，それらをどのように接続するのか，図面ではっきり示さなければなりません。そして各機能の配置，たとえば玄関がどこで，それぞれの部屋がどこなのか，それぞれの導線がどうかということがあらかじめ効率的に設計されていないと不便になってしまい，建物ができてからでは改善も難しくなります。建築設計では，建築を具体的に使うイメージを持っている施主と，そのイメージを具現化して設計図に落とし込む建築家が，建築を実際に建てる前に，あらかじめ詳細まで話し合い，完成した将来の姿を詳細まで確定するのです。

　ではもう少し大きなスケール，例えば一つの都市ではどうでしょうか。都市でも同じように，基本的な骨格をしっかりつくらなければ機能しないのは同じです。例えば人がたくさん住むと想定される場所であれば，下水道を整備しなければ衛生的な問題が発生してしまいます。産業革命期の英国を発祥とする近代都市計画は，衛生問題への対策をきっかけに生まれ，日本を含む世界各国に広まっていきました。そして都市に人が多くなり，活動が盛んになると，様々な移動，すなわち交通が発生します。道路や公共交通をあらかじめ整備・提供することも，都市のプランニングの重要な要素です。

　しかし都市が建築と異なるのは，建築が施主を始め限られた人が使うのに対して，都市は不特定多数の多様な人たちが使うことです。都市をつくるときに，どのような人が住み，どのような活動をするかは，ある程度はわかりますが，細かくは想定できません。予想よりはるかに多くの人が都市にやってくる可能性があります。基盤やサービスを提供する行政や一般の人々が考えもしなかった，多様な活動をしだす人がいるかもしれません。そして実は，それが都市の魅力になる可能性が高いのです。

　細かいところまで極めて精緻に計画された郊外の大規模ニュータウンの街並みと，自然発生的に様々な店舗や住宅が立ち並ぶようになった下町など既存市街地の界隈では，どちらが魅力があるのか。もちろんこれは人によって大きく評価が異なりますが，後者を選ぶ人も少なくないと思います。そう考えると，都市は，機能を大きく損なわない程度に事前のプランニングがある程度重要だ

けれども，都市のすべてを最初から決め切ってしまうのはよくない場合も多い，ということになります。

　都市，そして地域・国土のプランニングには，このような特質があります。ある程度はあらかじめ決め，でもそれ以上はそれぞれの人たちの自由な活動に委ねるということです。その中で，改めて，本章の主題である国土・地域のプランニングに立ち戻ってみると，あらかじめプランニングで対応しなければならないことはなにかが重要になるということに気づいてもらえると思います。このことを前提に，国土のプランニングについて，これから具体的な議論を進めていきたいと思います。

（3）　今日の国土・地域・都市のプランニングに必要なこと

　日本の人口が増加し，各地で農村から都市への移動が大きかったころ，国土・地域のプランニングは，都市に人が住むための社会基盤の整備が中心的な内容となりました。多くの人々が都市に集まって住むために必要な，上下水道・道路をはじめとする社会基盤，より豊かな生活のための公園，文化施設，スポーツ施設などの公共施設の整備を担ったのが，20世紀の国土計画（5次にわたる全国総合開発計画）とそれに基づく様々な社会基盤（土木）の計画や自治体の計画です。

　国土計画は同時に，日本が経済成長を続けるための産業基盤の整備も進めました。現在の国土の骨格をなす高速道路や新幹線，港湾，ダム，河川の堤防，そして工業用水や工業団地に至るまで，様々な社会基盤を計画的に整備してきました。日本の高度成長のスピードは予想以上で，交通混雑や公害などの問題を防げなかった側面もありますが，世界有数の先進国となるまで成長できたことの要因の一つとして，プランニングにしたがって様々な基盤を整備できたことが挙げられると思います。

　では，一定の経済成長を達成し，先進国になった後の，国土・地域のプランニングはどのようにあるべきでしょうか。あらかじめプランニングで備えておくべきこととはなんでしょうか。

　おそらく多くの人たちが，今も昔も，自分の住んでいる場所やふるさとをはじめ，特定の地域に思い入れを持っているのではないかと思います。自分のふ

るさとが将来にわたって自分の望む姿であってほしい。しかしこのことは，日本が経済成長を達成し，先進国になった後も，必ずしも保証されているわけではありません。地方圏に住んでいる読者のみなさんはすでにお気づきのように，日本の多くの都市・地域が，望むような姿からどんどん離れて，悪くなっていってしまっているようです。地方の衰退という言葉は，昔からよく耳にする言葉でしたが，今でもその問題は解決していないどころか，どんどん悪化していると感じることが多いと思います。

　まずここでは，今の多くの地域・都市が，なぜ望む姿になっていないのかについて，考えていこうと思います。

（4）　東京一極集中の問題

　自分のふるさとや思い入れのある地域が衰退していると地方圏の人たちが感じる原因の一つとして，農村から都市への人口移動が挙げられます。とりわけ日本の首都であり最大の都市圏である東京への人口移動と，その結果として生まれた東京一極集中という国土構造は，20世紀の高度成長期から大きな問題とされてきました。そして現在，ますます悪化しています。**図表3-1**は，総務省統計局が毎年発表している分析結果の概要の中で，三大都市圏への転入超過数の推移を示したものです。ここから，東京一極集中の推移について以下のようにまとめることができます。

　1）東京圏への転入超過は，高度成長期である1950年代からほぼ一貫して続いている。大阪圏，名古屋圏への転入超過が1970年代前半まででその後は見られないのと対照的である。このことが，現在までの東京圏への一極集中の状況を如実に示している。

　2）1980年代までの東京圏への転入超過は，日本全体の景気と連動していた。高度成長期やバブル景気の時には東京圏への転入が大きくなり，それらが終了するオイルショックやバブル崩壊によって転入が小さくなった。

　3）1990年代以降は，「失われた20年・30年」といわれるほど不景気の時代が続いたが，それにも関わらず東京圏への一極集中が継続している。その状況は，コロナ禍の2020〜2022年も含めて変わらない。

図表3-1 三大都市圏の転入超過数の推移（1954年～2023年）

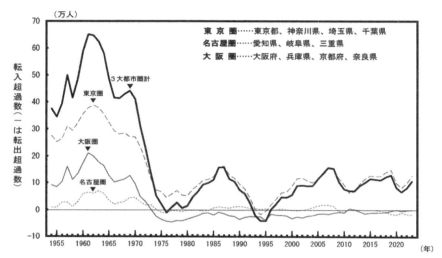

注：1954年から2013年までは，日本人のみ。
出所：総務省統計局ウェブサイト「住民基本台帳人口移動報告　2023年（令和5年）結果」

　このように，東京一極集中は，長年継続しているだけでなく，21世紀になるとその傾向がより固定化されてきています。地方の衰退の問題を緩和するには，まずこの人口移動とそれによる一極集中というアンバランスを，一定程度，改善する必要がありそうです。
　東京への転入が固定化されている原因には諸説あります。特に居住地を移動する若者にとって，東京に魅力のある仕事が多いことが大きな原因として挙げられますが，それは昔からのことかもしれません。
　昔は地方にもそれなりに魅力のある仕事があり，地方にとどまったり，一度東京に来てもふるさとに帰って行った人が多かったようです。しかし今は，東京（圏）出身者が昔より多くなり，「ふるさとに帰る」という感覚を持てない，またそもそも地方のことが全然頭にない，という人の割合が多くなってきているようです。
　地方への人口移動のためには，もともとふるさとが地方にある人に，ふるさとにとどまってもらったり，帰ってきてもらうだけでは，今後は十分ではない

第3章　地域創生と国土・広域のプランニング　49

かもしれません。ふるさとのことをあまり，あるいは全く知らない人たちに，その地域の魅力を伝えて，訪れてもらう，そしてできれば移住してもらう，ということが必要になってくると思います。

ただし，東京から地方へ移動することを，強制することはもちろんできませんし，またするべきでもありません。東京一極集中の緩和と，全国の地域創生の実現は，おぼろげながら国土の理想的な姿を描きつつ，個人個人が望むライフスタイルと選好を尊重し，それに合うような国土づくり，まちづくりを目指していくことになるでしょう。

（5）　人口減少への適応

しかし，仮に東京一極集中の問題が緩和され，もし地方への移住者が増えたとしても，多くの都市・地域にとっては，もはや地域の衰退の問題は，緩和はされても解消はされないでしょう。というのは，日本は国全体としても人口が大きく減少し，その回復の見込みはほとんどないからです。ほとんどの地域でも，国全体と同じように，またはより激しく人口が減っていくことになります。

政府の研究機関である，国立社会保障・人口問題研究所では，定期的に市区町村別の人口予測を行っています。最新の将来推計は2020年の国勢調査に基づいて，2023年に行われました。それによれば，2020年から30年が経った2050年には，日本の自治体全体の平均で人口が3分の2になるという衝撃的な結果が示されています。そして人口規模が小さければ小さいほど，減少の度合いが大きく，人口1万人未満の521自治体では平均で半分強の人口になると推計されています（図表3-2）。

図表3-2 ▎日本の市区町村の規模別人口増減（2020年から2050年の30年間）

	1： 100万人 以上	2： 50万人 以上	3： 10万人 以上	4： 5万人 以上	5： 1万人 以上	6： 1万人 未満	総計
市区町村数	11	24	248	241	684	521	1,729
2050年の人口増減 （2020年を100とする単純平均）	92.0	92.2	83.8	76.8	64.5	54.7	66.6

注：福島県の一部市町村は「浜通り地域」の1市区町村の扱いとなっている。
出所：国立社会保障・人口問題研究所『日本の地域別将来推計人口（令和5年）』

50　第1部　国土と地域のデザイン

　このような状況を踏まえると，日本のほとんどの地域で人口減少がもはや避けられないということが実感できると思います。東京への若者の人口流出を防いだり，または子育て世帯を自分の自治体に誘致したり，といったことが，これまでの地方創生の取り組みで注目されてきました。しかしそれでは問題の解決にはなりにくいということになります。そもそも，隣の町と人口の取り合いをしても，全体としては何の解決にもなりません。

　将来，日本のほとんどの自治体では，東京やその他の都市に人口が流出するかどうかにかかわらず人口が減少するのです。少子化対策などによって人口減少を緩和することも，それなりに重要なことですが，人口減少の現実を正面から受けとめ，人口減少に適応していくことがこれからより重要になっていきます。現代の地域創生のもっとも重要な点は，人口減少を緩和することではなく，人口減少に適応する様々な方策を打っていくこととなります。言い換えれば，人口が減少していくなかでも，持続可能で魅力あるまちを形作り，維持し続けていくことになります。

　ここで本章のテーマである，国土・地域のプランニングのための理想の将来像について，改めて考えてみましょう。地方創生政策によってこれまでに国や自治体が描いてきた理想の将来像は，このような条件の中で，実現可能になりそうでしょうか。おそらく多くの地域では，「再生」「活性化」という言葉から，昔のようなにぎやかな，人が再びどんどん集まってくるようなイメージを描くのではないでしょうか。空き店舗が目立つ中心市街地に再びお店が復活して人が集まってくる，一時期増え始めた郊外の空き家や空き地が別の形で活用される，高齢化した農村集落に若い移住者が住み始めて新たな関係ができる，といったイメージが代表的です。

　このようなイメージが具現化できる地域・都市も，多少はあるでしょう。しかし，人口が全体として減るという厳然とした事実を踏まえると，こうした幸運な場所は多くはないと言わざるを得ないのではないでしょうか。むしろ，人口減少に適応した将来の姿には，既存の固定観念にとらわれない新たな理想像が必要になりそうです。

（6）　変わりゆく都市・地域の未来像

　このように書くと，悲観的な未来しか描けないのではないかと思う人もいるかもしれません。確かに，20世紀の高度成長期の，人口増加を前提とする価値観を基にすると，明るい将来は描けないでしょう。しかし現代は，若者を中心としながら，中高年も含めて，価値観が大きく変化し，かつ多様化できており，またこうした変化に対する順応性も，昔に比べるとかなり高くなってきていると筆者は見ています。

　例えば，ゆくゆくは郊外に庭付きの一軒家をローンを借りて所有するといった，かつての『住宅すごろく』のような理想像が，高度成長期には多くの人たちにある程度共有されていたようです。高度成長期の都市政策や住宅政策は，そのために郊外での住宅開発を推し進めてきました。その結果として多くの開発団地やニュータウンが出来たわけです。

　今，ニュータウンはオールドタウンと呼ばれるようになってしまい，多くの団地には空き家が目立つ状況です。確かにこれは取り組まなければならない問題ですが，今から描く都市の住宅の理想像は，すでに変わってきているようです。今の人々の住まいの理想像は，都心の高層マンションから田舎暮らしまで，人によって多様になっています。また住宅を必ずしも買わなければならないわけではなく，借りたり，それまで知り合いでなかった人と家をシェアして借りたりといったことも広まっています。今の人たちの理想にあった，新しくかつ多様な未来を描くことが適切のように思えます。

　昔はステータスのような位置づけになっていた自動車にも同じようなことが言えます。特に生活の移動のための必需品としての需要が多くない大都市圏に住む若者の間では，車を持つことの意味が薄れてきているようです。シェアカーが急速に普及し，また近距離を中心に電動スクーターや小型モビリティなど様々なモード（乗り物の種類）が増え，それらもシェアして利用する動きが加速しています。

　さらに買物も，昔ならば人々誰しもが週末には繁華街に行って買物をする，といったことが一般的でしたが，現代はネット通販を利用する人が多くなっています。中心商店街のにぎわいがなくなることは，確かに悲しいことではあり

52　第1部　国土と地域のデザイン

ますが，このような人々のライフスタイルや選好の変化を前提とすると，昔の
ようなにぎわいをすべての中心商店街で復活させることはもはや難しく，また
必ずしもどこにとっても望ましいわけではないといえるでしょう。

　このような人々のライフスタイルや選好に大きな影響を与えている要因は
様々ありますが，実際にこうした変化を可能にしている最も大きな要因は，交
通・運輸と情報の社会基盤の整備の進展によって，とりわけ人や物の移動が容
易になり，そして情報のやり取りが地理的な制約を超えて広げられていること
が挙げられると思います。

2　デジタルとリアルを融合する地域生活圏

（1）　地域生活圏とは

　国土計画では，当初は人や物の移動を容易にする社会基盤，すなわち道路や
鉄道の建設を進め，人々の生活と経済活動のあり方を大きく変えてきました。
都市における通勤圏が拡大して，異なる地域間のビジネスが容易となって対流
が促進されました。また物流が大都市だけでなく地方までいきわたることによ
り，大都市・農山漁村それぞれの様々な生産資源を活かして産業が活性化され
るようになりました。そして情報通信技術が発展してくると，インターネット
をはじめとしたさまざまな情報基盤によって，人々の生活や経済活動はさらに
進化してきています。

　昨年（2023年）7月に策定された，第三次国土形成計画（全国計画）では，
人口が減少する中でも，新しい価値観の基で新しいライフスタイルが営める，
そのための基盤を，急速に発展し続ける情報通信技術によって実現しようとい
うことが，「デジタルとリアルが融合した地域生活圏」という概念によって提
示されました（図表3-3）。

　地域生活圏は，国土計画において「人口減少が加速する地方において，人々
が安心して暮らし続けていけるよう，地域の文化的・自然的一体性を踏まえつ
つ，生活・経済の実態に即し，市町村界に捉われず，官民のパートナーシップ

第3章 地域創生と国土・広域のプランニング 53

図表3-3 ▎国土計画で示されている地域生活圏の概念

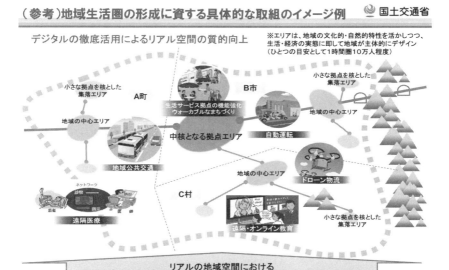

出所：国土交通省資料「デジタルとリアルが融合した地域生活圏の形成について」

により、デジタルを徹底活用しながら、暮らしに必要なサービスが持続的に提供される」圏域であるとされています。自動運転、リモート技術、ドローン技術などの新技術や、データ分析による最適化など様々な分野でデジタル技術を徹底的に活用し、リアル空間の質的向上を図ることを狙いとしています。またそのために、自治体が、民間企業、地域金融機関、NPOなどの地域団体などとの官民パートナーシップを組んで進めることが想定されています。

（2） デジタルとリアルの融合

このように、デジタル技術を活かして新しい生活圏を形成し、多様化した新時代のライフスタイルにあった都市・地域を形成していこうというのがこの地域生活圏の趣旨となっています。ただし、実際に新時代に必要とされるサービスのすべてがデジタル技術で賄えるわけではないことに注意が必要です。

国土計画では、この地域生活圏の概念を構築するにあたり、これまで電子的・遠隔的でなく物理的に、つまりリアルに（またはフィジカルに）提供されてきた様々な都市サービスをどこまでデジタルで提供することができるかを検討したことがありました。すると、完全にデジタルで遠隔的に提供できるサービスは、一部の行政手続きだけで、主要なほとんどのサービスは完全にリアルか、または一部は少なくともリアルで提供しなければならないという現状が明らかとなりました（図表3-4）。

一部の診療をオンラインで行える遠隔医療も、やはり本格的に治療を進めるにはリアルに体を診る必要があります。手術を遠隔で行う技術が進化してきていますが、医療行為のかなりの部分はまだリアルで行う必要がありそうです。電子書籍が日本でもかなり普及してきたため、電子図書館が普及してきていますが、電子書籍で借りることができる図書にはまだ限りがあり、多くの人たちがリアルの図書館に通っています。学校の講義も、特にコロナ禍以降、幼稚園から大学・大学院までオンラインでの講義が導入されていますが、まだまだリアルの講義の需要が多い状況です。

図表3-4 都市サービスのデジタルとリアル

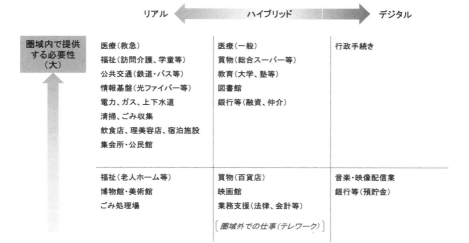

出所：「国土の長期展望」最終とりまとめ（令和3年6月）参考資料

また，水道・電気・ガスの供給やごみ収集など，また介護・福祉などリアルなものやサービスを提供・運搬する機能は，総じてリアル（フィジカル）をデジタルで代替することは難しいでしょう。デジタルで供給方法を改善することはできても，供給・運搬自体には，リアルな考慮が必要になります。買物は，インターネット通販がかなり普及して，我々は家にいながらデジタルで様々なものを注文することができるようになりましたが，多くのものは我々がお店に行く代わりに配達業者の人たちが配達してくれるというリアルな状況は変わりません。

地域生活圏では，このような前提を踏まえて，デジタルとリアルを融合させた新しい生活のあり方を提供しています。我々の業務，ライフスタイル，選好も多様化しています。もっぱらスマホやパソコンで仕事をして，wifiがあればどこでも仕事ができる人もいれば，リアルな物や人を相手に仕事をする人もまだまだ多くいます。またコミュニケーションを必要とする際に，家でリラックスしながらオンラインで話をしたいという人もいれば，リアルに会って話す方が分かり合えるという人も大勢います。

このような変化，そして多様化を踏まえながら国土・地域のプランニングをしていけば，だれにとっても理想の未来を決め打ちで描くことはできなくても，すべての人々にとって，それなり以上の魅力的な未来を描くことはできそうです。そのための前提条件を，国土・地域のプランニングでしっかり整備し，それを踏まえた活動はそれぞれの人たちに任せるということ，それが，現代のプランニングということになるでしょう。

なお国土計画では，地域生活圏の大きさとして，一応の目安として人口10万人程度という大まかな目安を示しています。上述のように，公共サービスのデジタル化を進めるにもそれなりの規模の圏域が必要であり，かつ生活にとってリアルなサービスがそれなりに近くになければならないとした場合，10万人程度の人口があるとちょうどよい，と考えられています。しかしこの人口規模は，地域によって大きく異なるものとなりそうです。

56　第1部　国土と地域のデザイン

3　持続可能な都市圏の形成を目指す取り組み

（1）　ダム機能のための人口規模

　さて次に，国土計画，そして地域創生の主要な課題の一つである，東京への人口の一極集中を緩和するためには，東京圏以外の都市がどのように計画されるべきかについて考えたいと思います。

　どのような規模の都市，あるいはまちや村でも，できれば地域のサービスや経済を維持できるだけの人口規模を維持したいと考えるでしょう。しかし現実は，東京圏以外のほとんどの都市で人口が流出し，そして減少しています。

　図表3-5は，都道府県別の転入超過数を見たものです。2023年は，東京都とそれを囲む一都三県で大幅に，および滋賀県，大阪府，福岡県で転入が少し超過しています。他方，他の40道府県は全て転出が超過しています。前年は，コロナ禍の影響もあり，他のいくつかの県で転入超過が見られていましたが，その効果も2023年には見られなくなってしまいました。

　このような状況の背景には様々なことがいわれており，実際に東京に転出する人たちの事情も様々だと思います。しかしやはり人々の多様な生き方，ライフスタイル，あるいは職業を，最も多く提供し，人々によって異なる選好を満たしているのが東京圏であり，そこに多くの多様な人たちが集まるという背景があると思います。人口が少ない農山漁村は，もちろん自然環境やゆとりといった魅力にあふれていますが，そうした自然環境を望む人もいれば，むしろ都市的なにぎわいや都市にしかない魅力的な職業や教育環境を求める人もいるでしょう。農山漁村が，様々な人々の異なる選好やライフスタイルの多くに応えられるかといえば，それはどうしても難しいという回答になってしまいます。

　しかし，東京圏ほどの大きさはなくても，それなりの規模の都市圏であれば，東京圏とそれほど遜色なく様々な人々を満足させることができ，かつ東京に勝るゆとりや自然環境も享受できる，といえそうです。このような考え方で，一

第3章 地域創生と国土・広域のプランニング 57

図表3-5 都道府県別の転出入

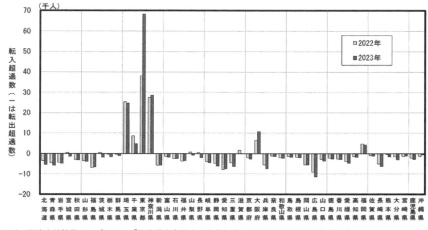

出所：総務省統計局ウェブサイト「住民基本台帳人口移動報告 2023年（令和5年）結果」

定の大きさを持つ都市圏に，東京圏への人口転出を抑える「人口のダム機能」を持たせる，という取り組みが行われてきました。

その規模は，上述の地域生活圏の目安である10万人よりはもう少し大きいかもしれません。というのは，人口が10万人では人々の日常生活のニーズを満たすことはできても，より魅力的な施設やサービスを幅広く提供するには少し足りないようです。例えば人口が10万人程度の都市の多くには，大学がありません。大学がなければ，やはり高等教育をリアルの場で受けたいという若者は，市域の外に出ていかざるを得ないでしょう。

（2） 連携中枢都市圏と中枢中核都市

2014年から，地方創生政策が始まったのと前後して，連携中枢都市圏構想という政策が進められています。連携中枢都市圏構想とは，地域において，相当の規模と中核性を備える圏域において市町村が連携し，コンパクト化とネットワーク化により，人口減少・少子高齢社会においても一定の圏域人口を有し活力ある社会経済を維持するための拠点を形成する政策であるとされています。具体的には，県庁所在都市やそれに準ずる人口数十万人程度の自治体が「連携

図表3-6 連携中枢都市と中枢中核都市に指定されている都市

中枢中核都市 一覧

道府県	北海道	青森県	岩手県	宮城県	秋田県	山形県	福島県	茨城県	栃木県	群馬県	新潟県	富山県	石川県	福井県	山梨県	長野県	岐阜県	静岡県	愛知県	三重県	滋賀県	京都府
政令指定都市（15市）	札幌市			仙台市							新潟市							静岡市 浜松市	名古屋市			京都市
中核市（49市）	函館市 旭川市	青森市 八戸市	盛岡市		秋田市	山形市	福島市 いわき市	水戸市	宇都宮市	前橋市 高崎市		富山市	金沢市	福井市	甲府市	長野市 松本市	岐阜市		豊橋市 岡崎市 豊田市		大津市	
施行時特例市（12市）								つくば市		伊勢崎市 太田市	長岡市 上越市							沼津市 富士市	春日井市	四日市市		
県庁所在地（0市/43市）	（札幌市）	（青森市）	（盛岡市）	（仙台市）	（秋田市）	（山形市）	（福島市）	（水戸市）	（宇都宮市）	（前橋市）	（新潟市）	（富山市）	（金沢市）	（福井市）	（甲府市）	（長野市）	（岐阜市）	（静岡市）	（名古屋市）	（津市）	（大津市）	（京都市）
連携中枢都市（0市/40市）	（札幌市）（旭川市）	（青森市）（八戸市）	（盛岡市）			（山形市）	（福島市）いわき市	（水戸市）			（新潟市）	（富山市）高岡市 射水市	（金沢市）	（福井市）	（甲府市）	（長野市）	（岐阜市）	（静岡市）				

道府県	大阪府	兵庫県	奈良県	和歌山県	鳥取県	島根県	岡山県	広島県	山口県	徳島県	香川県	愛媛県	高知県	福岡県	佐賀県	長崎県	熊本県	大分県	宮崎県	鹿児島県	沖縄県
政令指定都市（15市）	大阪市 堺市	神戸市					岡山市	広島市						北九州市 福岡市			熊本市				
中核市（49市）	吹田市 東大阪市 八尾市	姫路市 尼崎市 西宮市	奈良市	和歌山市	鳥取市	松江市	倉敷市	呉市 福山市	下関市		高松市	松山市	高知市	久留米市		長崎市 佐世保市		大分市	宮崎市	鹿児島市	那覇市
施行時特例市（12市）	岸和田市 茨木市														佐賀市						
県庁所在地（0市/43市）	（大阪市）	（神戸市）	（奈良市）	（和歌山市）	（鳥取市）	（松江市）	（岡山市）	（広島市）	（山口市）	（徳島市）	（高松市）	（松山市）	（高知市）	（福岡市）	（佐賀市）	（長崎市）	（熊本市）	（大分市）	（宮崎市）	（鹿児島市）	（那覇市）
連携中枢都市（0市/40市）		（姫路市）			（鳥取市）		（岡山市）倉敷市	（広島市）（福山市）（呉市）	（下関市）（山口市）宇部市		（高松市）	（松山市）	（高知市）	（北九州市）（久留米市）		（長崎市）（佐世保市）	（熊本市）	（大分市）	（宮崎市）	（鹿児島市）	

※ 東京圏（東京都、埼玉県、千葉県、神奈川県）以外の昼夜間人口比率0.9以上の市を対象　　（令和5年10月1日現在）

出所：内閣府「中枢中核都市及び支援策の概要」

中枢都市」に指定され，その周辺にある市町村と連携して，高次の都市サービスを提供するとともに地域経済を維持・成長させていこうというものです（図表3-6）。

連携中枢都市を中心とする都市圏の規模は，数十～百数十万人程度までが想定されています。これくらいの規模であれば，多様化する国民の様々なライフスタイルと選好に幅広く対応し，東京圏に移り住まなくても十分に満足できる魅力的な生活ができると想定されています。

また政府は，2018年に，全国の県庁所在都市やそれに比肩する人口数十万人くらいの大きさで，中枢中核都市を指定し，支援を始めています（図表3-6）。昼夜間人口比率など一定の条件に当てはまる，東京圏以外の全国82都市を中枢中核都市に指定し，政府からの交付金や中央省庁横断の人材派遣によって，近隣市町村を含めた都市圏全体の経済と生活を支え，東京圏への人口流出を抑える機能を発揮するための産業政策・都市政策を推し進めています。この政策は，

第3章　地域創生と国土・広域のプランニング　59

自治体同士の広域連携を進める連携中枢都市圏とは異なり，各都市圏の中心都市を強化するための政策ですが，実際に指定されている都市やその規模も，そしてその目指すべき目的もかなり似たものとなっています。

　人口数十万人以上という規模で，多様で高次の都市サービスを維持するためには，地域産業の振興が欠かせません。持続可能な都市圏の形成，そして東京への転出を食い止めるためのダム機能の維持のために，各都市圏で特色のある産業の振興，そして魅力的で多様な雇用の創出が求められています。連携中枢都市圏の取り組みは，当初は地域産業が比較的強い山陽地方の都市（姫路市，福山市など）で注目されていましたが，近年は取り組みが全国に広まっているようです。

　国土・地域のプランニングとして，各都道府県の県庁所在都市，そして周辺自治体も含めた都市圏全体で最低数十万人から数百万人程度のこうした中心都市が，東京に比肩する魅力を発揮し続けて，多くの人々が望むライフスタイルや選好を満足させ，いわゆる人口のダム機能を発揮することが，国土・地域のプランニングとして期待されています。

4　農山漁村の産業と生活基盤の維持・形成

（1）　都市圏から離れた農山漁村

　県庁所在都市のような比較的大きな都市やその周辺の都市であれば，上述のように，東京への人口流出を防いで持続可能な都市圏を形成する取り組みを行うことができます。

　では，そうした都市が近くにない地域はどうしたらよいでしょうか。実際に，日本には，上述のような都市圏をともに形成できるような大きな都市が近くにない自治体が多く存在しています。例えば人口30万人以上の都市の中心に1時間以内で行ける人たちは，2015年の人口分布をベースとすると国民の80％，地方圏に限ると62％に過ぎないと国土交通省は試算しています。逆にいえば，国民の約5分の1，地方圏の人たちの3分の1以上は，上述のような都市圏に含

60　第1部　国土と地域のデザイン

まれず，必要なサービスを受けにくいということです。各県の自治体単位で比較してみても，例えば高知県は人口32.7万人（2020年国勢調査）の高知市を中心とする40万人規模の都市圏ですが，そこから離れると次に大きい自治体は四万十市（3.3万人）となっています。和歌山県や徳島県なども同じように，県庁所在都市を中心とする都市圏以外の人口規模が非常に小さい状況となっています。このような県では，県庁所在都市から遠くに住んでいる人たちが，十分な都市サービスを享受できないということになります。

　そして前に述べたように，今後，こうした地域の人口が増える可能性はほとんどありません。むしろ，こうした地域のほとんどの自治体で，人口が急激に減少していきます。これまでも，農山漁村は高齢化，そして人口減少による担い手不足に見舞われてきました。しかし今後，より深刻な人材の枯渇によって，産業だけでなく，基本的な都市サービスを維持することすら難しくなっていきます。バスやタクシーの運転手も不足してきています。市役所・町村役場でも，職員数が20年で半減しているというところも珍しくありません。こうした地域が，大都市と伍して多様なライフスタイルに対応したサービスを提供することは不可能となっています。ではこうしたところは，もう，魅力的なまちづくりのプランニングをあきらめるしかないのでしょうか。

（2）　プランニングで「小さなまちづくり」を目指す

　人口減少が進む，大都市から離れた農山漁村の今後のまちづくりは，都市でのまちづくりとは異なるアプローチが必要になりそうです。その要点は，地域の特性を活かしながら特定の層に魅力をアピールできるようなまちづくりを進めることだと筆者は考えています。多様な人々全員を満足させるのではなく，特定のライフスタイルや選好を望む層にアピールするということです。

　前に述べたように，人々のライフスタイルや選好は多様化しています。前に述べた持続可能な都市のあり方は，多様化に対して東京と全く同じではなくてもそれに近い様々な機能を都市圏全体で提供して，「人口のダム機能」を果たすということでした。県庁所在都市くらいの大きな都市が，周辺の自治体と連携しながら都市圏を形成することの目的もそこにありました。

　しかし都市から離れた小さな町村では，仮に連携したとしても東京はおろか，

地方の大きな都市圏にもかなうべくもありません。このような人口の小さな地域では，むしろその地域の魅力がもっともアピールできる特定の層に焦点を絞ったまちづくりが求められます。

プランニングの発想としては，都市圏の形成では様々な種類の都市サービスや職業を総合的に提供するような供給側の発想が求められるのに対して，農山漁村の自治体ではどのような需要があるかを中心に対象を絞り込んでいくような需要側の発想によるプランニングが求められるでしょう。都市圏は，ある程度誰からも好かれるよう機能がひととおりそろっている必要があるのに対して，農山漁村の自治体はみんなに好かれる必要はなく，今風にいえば「推し」のファンを一定程度確保すればよいということになります。

（3）　農山漁村のプランニング

　人口が少なく，また減少し続ける町がプランニングをする際のメリットも，この小ささにあります。大きな都市にはそれだけ多様な人が住んでいるため，特定の好みを持つ人たちのためだけのまちづくりは容易ではありません。そして仮にそうした人たちを呼び込むことに成功しても，都市全体が大きいのでそれだけでは十分ではなく，やはり他の様々な好みを持つ人たちも呼ぶ必要が出てくるでしょう。

　小さければ，特定の好みを持つ人たちが10人，あるいは数人くるだけでも，数字としても大きな効果になります。実際のまちの雰囲気も大きく変わっていくでしょう。そして小さければ，お互いに顔の見える関係を築くことができ，プランニングのための合意形成も比較的スムーズにいくのではないでしょうか。

　では，具体的にどのようなライフスタイルや選好を持つ住民を呼べばよいのでしょうか。それは，もちろんその地域・自治体の資源やさまざまな条件を踏まえてプランニングを行うということになりますが，すでにそのような「推し」の獲得に成功している地域がありますから，それを見習うことはできます。

　注意すべき点は，見習うのは「どのように絞り込むか」というプロセスであり，「何をやるか」ではないという点です。何をやるかは，その地域の資源や条件によって大きく異なります。自分たちの地域の資源や条件をどのように発見し，時に改善したか。絞り込むには地域の中での合意形成や議論が必要にな

りますが，それをどのように行ったのか。そして絞り込んだ，売りとなる特徴をどのように売り込んだか，といったことです。

　そのような意味で有名なところは，例えばやはり北海道のニセコ町ではないでしょうか。ニセコ町は，単に観光のまちづくりで有名になっただけではなく，どのような観光地にするか，どんなことを楽しむ観光客を呼びたいか，そしてその先にどんな人に定住してほしいか，そういった戦略が明確であり，またそのための住民の合意形成のプロセスにも非常に優れたものがあることで知られた町です。様々な検討と議論の結果として，大都市とは異なり自然を楽しむゆとりある豊かな生活を楽しみたい人々を，国内外から呼び込むことに成功しています。

　同じ観光地の大分県の湯布院にも，同様のことがいえます。もともと中心的な観光地であった別府から進出してきた観光事業者が湯布院の観光開発をはじめましたが，その過程には，別府やその他の温泉街とは異なる観光客，そして移住者を呼ぶための地域内外での話し合いが，長い時間をかけて行われてきたことが，研究によって明らかとなっています。田舎暮らしではあるけれども，少しおしゃれでかつ地域の農業をはじめとした営みになじんだライフスタイルを好む人たちが集まってきています。

　観光地ではない有名事例として，徳島県の神山町が挙げられるでしょう。神山町は，付近に敷設されているブロードバンド回線を利用することを目的に東

図表3-7 ▍神山町のインキュベーション施設・宿泊施設

出所：筆者撮影（2023年3月）

第3章　地域創生と国土・広域のプランニング　63

京などの大都市から事業を拡大するために移転したり事業所を設けるICT企業の誘致に成功し，関連する業種も含めて多くの転入者を迎え入れていることで知られています。その過程には，外部の人を受け入れる努力を長年積み重ねてきたという歴史があり，またICT企業の立地の過程で新しい人たちを迎え入れるために必要な様々な取り組みが行われてきたという経緯があります。

（4）　マーケティングの発想

　以上のような有名どころではなくとも，地域の特徴を活かし，「推し」を募るようなまちづくりが全国各地で行われています。

　情報化・デジタル化は，こうしたまちづくりを促進させることに役立つでしょう。個人レベルでの情報の発信や交流が容易なSNSは，すでにマスメディアに比肩する影響力を持っています。そして特定の好みを持つ人たちへの訴求は，マスメディアよりもSNSに優位性があるという意味で，このようなまちづくりにおいては，情報化が進んでいなかった昔よりも，自分たちの地域の特徴を格段にアピールしやすくなったといえます。

　遠隔化，そして交通社会基盤の整備の進展は，さらに居住以外による地域のまちづくりへの参加を可能にし始めています。近年のまちづくりのキーワードの一つである関係人口や二地域居住といった新しいカテゴリーの人口やライフスタイルは，移動とコミュニケーションが容易になったことによって可能となったものです。遠くにいながら，ふるさとをはじめその地域の情報に接することができ，また何か活動をするために赴くことも容易になることで，自分が本来住んでいる地域とは別の地域での活動が可能となります。人口減少が進み，出生率の上昇も見込めない中，必ずしも常住人口の絶対数に比例せずに増やすことが可能な関係人口のための取り組みは，新たなまちづくりのプランニングにつながっていくはずです。

　このような小さなまちづくりは，広く薄く平等にという行政的な事業ではなく，特定の人々・階層に焦点を絞って迎え入れるような，民間企業のマーケティングのようなアプローチが必須となるでしょう。

　そしてポイントは，このようなマーケティングのようなまちづくりが，昔から地域社会の因習を脈々と受け継いできた農山漁村でできるかどうかというこ

とになります。特定のライフスタイルや選好を持つ人たちを対象とする施設やサービスを提供するようなアプローチは，仮に地域の特徴を活かしたものであっても，これまでの地域社会の延長線上にはなかった奇抜な取り組みに映るはずです。これまでの地域社会を守ってきた，そしてそれに自負を持つ地元の人たちとも話し合って，新たなプランニングを行い，それを実行に移すことは，容易なことではありません。

　しかしこうした地元の人たちにとっても，これまでの延長線上では地域の未来が見えないということは，次第に認識されているのではないでしょうか。国や自治体など，行政がこうした農山漁村のまちづくりにおいて果たすべき役割は，人口規模が大きい都市圏とは，発想としてもかなり違ったものになるはずです。

　地域に新しく住み始める人たちだけでなく，地元の人たちも含めて，人口規模が小さくてもやはり最低限のサービスは行政が中心となって供給を保証する必要があると思います。そのようなサービスを農山漁村で提供する取り組みを，政府は「小さな拠点」といっています。しかし，それ以上のサービスのプランニングは，行政以外の様々な主体の協力を仰いで，地域なりのサービスの提供の内容と方法を考えていくということになるでしょう。人口が少なく，また減っていく地域が多いですから，そこにいる人同士の話し合いと行動が一層重要になるわけです。

5　今後の国土のプランニングのあり方

　これまでも，国土・地域のプランニングの概念は，人口規模や階層の数に違いはありますが，昔から提案されてきました。しかし昔の階層の図は，たいていすべての階層でその地理的スケールにあった都市サービスを提供することを意味していました。市町村では小さな公民館を，都道府県の県庁所在地では大きなホールを，といった具合です。政府が今次国土計画の資料として示した**図表3-8**も，そういう意味ではこれまでと似たような意味が込められているかもしれません。

第3章 地域創生と国土・広域のプランニング　65

図表3-8 ▎国土のプランニングが想定する重層的な圏域構造

出所：国土審議会「国土形成計画（全国計画）原案 参考資料集」

　しかし，これまで筆者が述べてきたことを反映すると，この図は違う意味を持ってくることになります。小さなスケールでは，どの地域でも同じサービスや雇用が提供されるわけではなく，むしろその地域の特色にあった多様で異なるものが提供されるべきであり，そのためのプランニングが推奨される，ということになります。それに対して，地域生活圏，さらに大きな都市圏になるにつれて，次第により多様なサービスが提供されるようになります。特に，人口のダム機能が期待される大きな都市圏では，東京とそれほど遜色のないものを提供するためのプランニングが求められるということになります。

　そして東京を含めた国土全体では，多様で異なるライフスタイルと選好を持つどのような人々も，日本のどこかの地域に魅力を感じ，充実した暮らしを営むことができるという，そういうプランニングが国土計画，ということになります。

　これまで国土計画のプランニングに沿って築いてきた交通・物流の社会基盤や，ハード・ソフトとも著しい進化を続ける情報基盤は，多様で異なる人々の

66　第1部　国土と地域のデザイン

理想の生活の実現を後押しするでしょう。そうした新たな多様なライフスタイルが実現し，また外国を含む異なる地域同士の人々の間の交流が促進されることにより，新しい発明・発見によるイノベーションの創発が期待されます。

　こうした多様なライフスタイルとイノベーションの創発によって，これまで人類が経験したことがない人口減少社会への適応が促進されることが求められます。無人化・省人化・自動化，そして様々な活動の遠隔化が促進されることにより，新しい国土が形成されることを，筆者も望んでやみません。

第 **2** 部

地域創生のケース

第 **4** 章　**地方都市のトップランナー：**
福岡市の戦略と課題

この章の概要

　日本の人口減少が進むなかで，福岡市は人口増加を続けている稀有な都市です。人口増加数・増加率はもとより，人口密度，事業所の新設率も地方都市のなかではトップクラスです。世界的にみても，首都ではない都市として，その成長は突出しています。

　福岡市は，コンパクトシティという特性を有していますが，後背圏である九州の人口や面積，経済規模は大きくなっています。アジアとの近接性も，福岡市の成長を支える一因です。九州新幹線をはじめ，交通体系の整備も進み，福岡市の中心性は高まっています。都市中心部の再開発である天神ビッグバンも稼働し始めました。

　一方で，行き過ぎた一極集中は，周辺地域の人口減少，商業機能の衰退を招く恐れもあります。福岡市の成長を維持するためには，人流，物流，企業立地などあらゆる面で，アジア諸国・地域との連携を深め，一国型の都市システムからの脱却を図る必要があります。

1　地方都市のトップランナー

（1）　成長を続ける福岡市

◆続く人口増加

　日本の人口は2008年をピークに減少に転じました。地域ブロックの中心都市である地方中枢都市（札幌市，仙台市，広島市，福岡市）も，2005年頃から人口増加に陰りがみられるようになりました。

　2020年の国勢調査では，4都市とも人口増加でしたが，住民基本台帳人口では，広島市は2020年から，札幌市は2022年から減少に転じています。仙台市も

第4章 地方都市のトップランナー：福岡市の戦略と課題　69

2022年に減少し，2023年は増加となったものの，2024年は再び減少となっています。福岡市は2024年も増加しています（**図表4-1**）。

図表4-1 ▍住民基本台帳による地方中枢都市の人口推移

	札幌市		仙台市		広島市		福岡市	
	人口（人）	増減率	人口（人）	増減率	人口（人）	増減率	人口（人）	増減率
2018	1,952,348		1,060,545		1,195,327		1,529,040	
2019	1,955,457	0.16%	1,062,585	0.19%	1,196,138	0.07%	1,540,923	0.78%
2020	1,959,313	0.20%	1,064,060	0.14%	1,195,775	-0.03%	1,554,229	0.86%
2021	1,961,575	0.12%	1,065,932	0.18%	1,194,817	-0.08%	1,562,767	0.55%
2022	1,960,668	-0.05%	1,065,365	-0.05%	1,189,149	-0.47%	1,568,265	0.35%
2023	1,959,512	-0.06%	1,067,486	0.20%	1,184,731	-0.37%	1,581,398	0.84%
2024	1,956,928	-0.13%	1,066,362	-0.11%	1,178,773	-0.50%	1,593,919	0.79%

注：各年1月1日の人口
出所：総務省『住民基本台帳に基づく人口，人口動態及び世帯数調査』

◆コンパクトな都市構造

　福岡市の人口密度は，三大都市圏以外の政令指定都市でもっとも高くなっています。**図表4-2**に示したように，札幌市，仙台市，広島市の3倍程度の人口密度です。福岡市は多様な都市機能が，コンパクトに集積しています。

図表4-2 ▍地方中枢都市の人口密度

	面積 （km²）	人口密度 （人／km²）
札幌市	1,121.3	1,760.0
仙台市	786.4	1,394.7
広島市	906.7	1,324.3
福岡市	343.5	4,694.4

出所：総務省『国勢調査』，国土地理院『全国都道府県市区町村別面積調』をもとに筆者作成

　福岡市の家賃は，三大都市圏と比較して安いため，都心近くに居住可能です。都心から少し離れると，海や山など豊かな自然もあり，住みたい街のランキングでは，常に上位にランクされます。

70　第2部　地域創生のケース

　福岡空港は，国内第4位の利用者数（2023年度）にも関わらず，博多駅から地下鉄で5分という便利な場所に立地しています。便数や路線数も多く，都心部の建物の高さ制限や運用時間制約はあるものの，ビジネスや観光にも魅力的な環境を提供しています。

◆経済成長と高い拠点性

　福岡市の市内総生産は7兆7,911億円で，三大都市圏以外の政令指定都市でもっとも多くなっています。また，事業所総数に占める新設事業所の比率は34.4％（2021年）と，政令指定都市のなかでもっとも高くなっています。昼夜間人口比率は109.8（2020年）で，政令指定都市では大阪市，名古屋市に次ぐ第3位であり，拠点性の高さも福岡市の特徴です（図表4-3）。

図表4-3 ▎地方中枢都市の市内総生産，新設事業所比率，昼夜間人口比率

	市内総生産 （2019年度）		事業所総数に占める 新設事業所の比率 （2021年）		昼夜間人口比率 （2020年）	
	（億円）	順位	（％）	順位		順位
札幌市	76,264	5	31.6	3	99.7	13
仙台市	52,807	10	29.5	5	105.3	5
広島市	54,262	9	26.0	12	101.0	11
福岡市	77,911	4	34.4	1	109.8	3

注1：順位は政令指定都市内の順位
　2：市内総生産の順位は，さいたま市，相模原市を除く
出所：福岡市『令和5年度指定都市基本施策比較検討調（予算編）』，熊本市『令和3年度市町村民経済計算』，総務省・経済産業省『令和3年経済センサス活動調査』，総務省『令和2年国勢調査』

　近年では，EY Japanやアクセンチュアの人員増強，ボストンコンサルティンググループやKPMGコンサルティングの進出など，国際的なコンサルティング企業の新増設も相次いでいます。TSMCの熊本県への進出を受けて，台湾の金融機関が福岡市に支店や出張所を設ける動きもみられます。

（2） 大きな後背圏

◆後背圏としての九州

　地方中枢都市のなかで，福岡市の成長が突出している要因の一つは，後背圏の大きさです。地方中枢都市は，それぞれのブロックの中心都市ですが，ブロックの人口には差があります。北海道は522万人，東北地方（6県）は861万人，中国地方（5県）は725万人に対して，九州地方（7県）は1,278万人です。

　九州だけでなく，九州・沖縄や九州・山口という地域ブロックとしてとらえられることもあります。福岡の支店のなかには，中国地方や四国地方を管轄圏として西日本支社と称する企業もあります。

　10％通勤圏の人口では，札幌市は241.4万人，仙台市は162.1万人，広島市は146.3万人に対して，福岡市は268.5万人です。中心市人口との比率はそれぞれ，1.22倍，1.48倍，1.22倍，1.67倍です（2020年国勢調査）。

　GDP（2021年度，名目）では，北海道は20.5兆円，東北地方は34.5兆円，中国地方は30.6兆円に対して，九州は48.0兆円です。後背圏の経済力の高さが，福岡市の発展を支えています。

◆ライバル都市の存在

　福岡市は最初から九州の中心都市であったわけではありません。明治維新以降の工業化の過程では，八幡に官営製鉄所が立地したのを契機として，現在の北九州市が工業地帯として発展しました。

　政令指定都市になったのは，北九州市は1963年，福岡市は1972年でした。人口も1980年以前は北九州市が上回っていました。国鉄の門司鉄道管理局や大手新聞社の西部本社など，九州全域を管轄する拠点を北九州市に配置する企業や組織もありました。

　熊本市も，明治期には熊本鎮台（後の陸軍第6師団）や第五高等中学校（後の第五高等学校，現・熊本大学）などが配置されていました。いまでも九州農政局や九州総合通信局は，熊本市に配置されています。

　戦後，産業構造の転換や，山陽新幹線博多開業によって，福岡市の中心性が高まるにつれて，企業や機関の福岡市への移転が進みました。福岡市の後背圏

72 第2部 地域創生のケース

のなかに，100万都市圏の北九州市と熊本市が包摂されている点は，他の地方中枢都市と異なる福岡市発展の一因です。福岡市の発展は，福岡市の戦略だけからもたらされているわけではありません。

（3） アジアとの近接性

◆アジアへのゲートウェイ

東京圏から離れた九州は，三大都市圏や東北と比較して，社会資本整備の遅れや新規工場立地の低迷などの不利性を抱えていました。しかし1970年代以降，アジア諸国で経済成長が進み，とりわけ1990年代からの中国の経済成長は，九州の位置づけを大きく変えることになりました。

福岡市からは，東京と上海，大阪とソウルが，ほぼ等距離にあります。福岡市は「アジアの交流拠点」というキャッチフレーズのもとで，1980年代後半頃から，アジア諸国・地域との交流を積極的に進めてきました。

福岡市の在留外国人の数は4.5万人で，三大都市圏を除くと最多です。このうちアジア諸国・地域の比率は91.4％（4.1万人）で，全国の85.4％よりも高くなっています（『在留外国人統計（2023年12月）』）。

空港・港湾別の入国外国人数では，福岡空港は267.7万人で，成田，関西，羽田に次ぐ第4位です。新千歳空港の123.0万人，仙台空港の11.2万人，広島空港の3.5万人を上回っています。福岡空港の入国外国人のうち，アジア諸国・地域の比率は96.6％（全国では80.0％）です（『2023年出入国管理統計』）。

◆拡大するアジアとの貿易

アジアとの近接性は，貿易にも大きな効果をもたらしています。博多港は福岡空港と同様，都心から近い位置にあり，北部九州の自動車関連産業や南九州の畜産業などの輸出入に利用されています。近年は半導体や半導体製造装置の輸出増加もあって，2023年の博多港の輸出額は4.2兆円と，大阪港の4.3兆円に迫る勢いです（**図表4-4**）。

門司税関によると，博多港からのビールの輸出量は，11年連続で全国一でした。輸出先は韓国，台湾中心で，鮮度が重要なことから，福岡県や熊本県のビール工場に近い博多港から輸出されています。九州には大手企業のビール工

図表 4-4 博多港と大阪港の輸出額

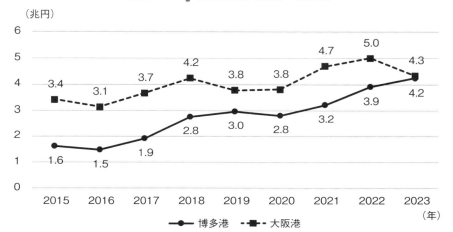

出所：財務省『貿易統計』

場が4つ立地しています。

　南九州で生産が盛んな畜産物も，輸出数量・金額ともに，博多港が1位です。主な輸出先は，カンボジア（中国への迂回輸出の可能性があります），香港，シンガポールです。日本から中国本土への牛肉などの輸出は難しくなっており，中国への近接性という地理的優位性は十分には発揮されていません。南九州の畜産業の発展，博多港からの畜産品輸出の増加には，日中間の対立緩和が必要です。

　いちごや柿といった果物では，福岡空港を利用して輸出されることも多くなっています。シンガポールや香港などがターゲットです。

　福岡市の発展は，九州という後背圏に支えられていますが，福岡空港や博多港は後背圏の産業の発展を支えています。

74 第 2 部　地域創生のケース

2　交通体系の整備と都市空間の再編

（1）　交通体系の整備進展

◆九州新幹線全線開業

　福岡市は1975年の山陽新幹線博多開業以来，関東・関西方面と九州各地とを結ぶ九州の交通の結節点として機能してきました。高速道路網の整備が進んでからは，九州各地との高速バスも高頻度で運行され，休日などには多くの買物客を誘客するようにもなりました。

　2011年の九州新幹線全線開業後，在来線特急で 4 時間弱を要していた博多 − 西鹿児島（現・鹿児島中央）間は，約 1 時間20分にまで短縮されました。新八代駅で高速バスに乗り継ぐことにより，宮崎とも約 3 時間で結ばれるようになるなど，新幹線沿線以外の地域にも効果をもたらしています。

　国土交通省の旅客地域流動調査によると，2010年度の福岡・熊本県間の旅客輸送人員は344万人，福岡・鹿児島県間は101万人でした。コロナ禍前の2019年度には，それぞれ384万人（11.6％増），127万人（25.7％増）となりました。地域間を往来する人流の拡大は，福岡市の中心性を高めています。

◆地下鉄七隈線博多延伸

　1979年に最後の路面電車が廃止され，1981年から地下鉄が順次延伸開業して以降は，福岡市の東西方向は地下鉄，南北方向は西日本鉄道（西鉄）天神大牟田線，それ以外は西鉄バスが公共交通の中心的な役割を担ってきました。

　福岡市の西南部は鉄道空白地帯であり，道路整備も遅れていました。そこで地下鉄七隈線が建設され，2005年に天神南 − 橋本間が開業しました。開業当初の利用は低迷していましたが，沿線の開発等も進み利用は拡大していきました。

　2023年に天神南 − 博多間が延伸開業すると，七隈線の 1 日の平均利用客数は12.3万人となり，コロナ禍前の約1.5倍まで増加し，西鉄貝塚線とともに全国的にも混雑率の高い路線となっています。

（2） 都市空間の再編

◆天神地区の発展

　福岡市の一方の中心「博多」は，古来より貿易港として栄え，中世には堺と並んで商人による自治都市として発展しました。もう一方の中心「福岡」は，黒田長政が築城した福岡城が発展の契機となっています。その鬼門の地に移転された水鏡天満宮が，「天神」の地名の由来です。江戸時代は，博多は商人の街，福岡は武士の街としてすみ分けられていました。

　1924年に，九州鉄道（西鉄の前身）により福岡駅が天神地区に開設され，1936年には，福岡駅前にターミナルデパートとして岩田屋が開業しました。それ以来，天神地区に商業施設が集積しました。1970年代の相次ぐ大型商業施設の開業は，天神流通戦争と呼ばれるほどでした。

　一方の博多地区は，1963年に博多駅が現在地に移転し，博多井筒屋が核テナントとして入居していたものの，オフィス街としての性格が強まりました。

　1980年代後半，国鉄民営化と前後した九州内特急列車の増発，高速道路整備の進展に伴う高速バス路線の拡充によって，福岡の商圏は九州全域へと拡大しました。週末に福岡へとやってくる若者は，列車やバスの名をとって，「かもめ族」や「フェニックス族」などと称されました。

　80年代から90年代にかけては，第2次，第3次天神流通戦争として，天神地区の商業施設開発がさらに進みました。

◆博多駅の再開発

　2011年の九州新幹線全線開業に向けて，博多駅の再開発が2005年ごろから開始されました。新たに建設された駅ビルは，JR博多シティと命名され，核テナントとして入居した阪急百貨店や，東急ハンズ（現・ハンズ）など，九州初出店となる店舗も多く，集客力を高めました。駅前の博多郵便局の跡地には，博多マルイを核テナントとするKITTE博多が建設され，博多駅周辺でも大型商業施設やオフィスビルなどの整備が相次ぎました。

　博多地区の商業集積は，天神地区と競合・重複する機能もありますが，それ以上に九州，さらには中国地方からの集客力増加につながっており，福岡市の

76　第2部　地域創生のケース

発展，都市の魅力度アップをもたらしています。

（3）　福岡市の都市空間整備政策

◆天神ビッグバンと博多コネクティッド

　福岡市は2015年，「天神ビッグバン」構想を発表しました。天神地区の都市機能を高め，新たな空間や雇用を創出することを目的として，高さ制限・容積率の緩和や資金融資によって，ビルの建て替えを促進する政策です。

　都心に近い福岡空港は，アクセスの利便性を高める一方で，都心部では建築物の高さ制限につながっていました。天神地区では約65～76メートルの高さ制限があったため，福岡市は人口規模の割に高層ビルの少ない都市でした。

　特区（第4節で詳述）への指定により，天神地区でも場所によっては，約115メートルまでの建物の建築が可能になりました。高度成長期に建設された商業施設やオフィスビルが，建て替えの時期を迎えていたこともあって，都市空間の新生が期待されるようになっていました。

　当初10年間で30棟を目標としていましたが，2023年の段階で52棟が竣工しており，さらに多くの案件が進行中です。福岡市の2023年度の固定資産税は，前年比5.2％増となり，市税収入は2年連続で過去最高を更新しました。

　2019年からは博多駅周辺でも同様の政策が展開されており，「博多コネクティッド」と呼ばれています。こちらも10年間で20棟を目標としていましたが，2023年の段階で18棟が竣工しています。博多部と呼ばれる旧市街などへの回遊ルートの形成も，今後進められる予定です。

◆周辺部の大型プロジェクト

　博多港航路の浚渫土砂を用いて，東区に福岡アイランドシティが造成されました。国際コンテナターミナルの整備とともに，2003年からは住宅用地の分譲が開始され，現在の人口は1万5千人を超えています。土地の販売は2020年に終了し，事業収支は150億円の黒字でした。

　博多ふ頭や中央ふ頭（ウォーターフロント地区）では，コロナ禍の影響でクルーズ船関連の事業は先送りされていますが，国際会議等を開催できるMICE施設の充実，海辺の空間を生かした賑わい・憩い施設が検討されています。

第4章　地方都市のトップランナー：福岡市の戦略と課題　　77

　2018年に移転が完了した九州大学箱崎キャンパス跡地は，2024年に土地利用についての入札が実施され，住友商事を代表とする企業グループが優先交渉権者に選定されました。同グループの計画では，次世代通信基盤「IOWN」を活用したスマートシティが構想されており，インターナショナルスクールやクリニックモールなどを含む新たな都市空間が形成される見込みです。

3　福岡市の課題

（1）　福岡一極集中の効果と弊害

◆福岡一極集中の進展

　多くのプロジェクトが次々と展開され，今後も成長が見込まれている福岡市ですが，支店と商業集積による「福岡一極集中」では，地域ブロックの発展にはつながりません。

　九州の政令指定都市と県庁所在地の人口増減をみてみると，2015年から2020年にかけて，増加しているのは福岡市と宮崎市のみです。とくに，福岡市に近い北部九州の都市の人口減少率は高くなっています（図表4-5）。人口減少が進めば，福岡市の成長を支えてきた後背圏としての機能も低下します。

図表4-5 ▎九州の県庁所在都市・政令指定都市の人口増減

	2015年（人）	2020年（人）	増減率
福岡市	1,538,681	1,612,392	4.8%
北九州市	961,286	939,029	-2.3%
佐賀市	236,372	233,301	-1.3%
長崎市	429,508	409,118	-4.7%
熊本市	740,822	738,865	-0.3%
大分市	478,146	475,614	-0.5%
宮崎市	401,138	401,339	0.1%
鹿児島市	599,814	593,128	-1.1%

出所：総務省『国勢調査』

78 第2部 地域創生のケース

　一方，2015年から2020年の人口増加率では，福津市が全国第6位（14.0％），久山町が第10位（10.2％），新宮町が第11位（8.5％）など，福岡市周辺のベッドタウンの増加が著しく，福岡都市圏への一極集中が進んでいます。

◆一極集中の効果と弊害

　人口や産業の集積は，集積の利益をもたらします。企業活動においては，インフラの利用者が増えることによる単位当たり費用の低下，専門的人材の雇用機会の増大，技術・知識の共有によるイノベーション発生確率の向上などです。集積利益を求めてさらに企業が集積することで，集積の利益は累積的に拡大します。

　生活環境においても，上記のインフラ費用や雇用機会に加えて，公共交通の効率的な運用，商業施設の充実，行政サービスの効率化による費用低減などの利益が発生します。

　しかし過度の集積は，集積の不利益へと転じる可能性もあります。地価や人件費の高騰，渋滞や混雑といった交通問題，大気汚染やヒートアイランド現象などの環境問題，災害や感染症の被害拡大などのリスクとなります。

　実際，地価を例にみてみると，福岡市の2024年の公示地価上昇率は，商業地，住宅地ともに，都道府県庁所在地のなかでトップでした。商業地は4年連続1位，住宅地は過去3年2位と，高い上昇率が続いています。

　福岡市は，150万人を超える都市として構想されてきた都市ではありません。そのため，東京都心と比較すると，道路が狭く，交通渋滞が発生しやすくなっています。鉄道の混雑率も地方都市ではかなり高くなりました。オフィスビルの建て替えはできても，道路の拡張は困難です。天神ビッグバン完成後の道路や鉄道の渋滞は，福岡市の抱える未来のリスクの一つです。

（2）　ダムかポンプか

◆地方中枢都市のダム機能

　地方中枢都市への一極集中を議論する際に，「ダム機能を果たしているので問題ない」とする主張がよくみられます。ダム機能とは，本来であれば地方から東京圏などへ人口移動するところ，地方中枢都市への移動によって，地域ブ

第4章　地方都市のトップランナー：福岡市の戦略と課題　　79

ロック単位では人口流出を食い止めているという考え方です。

　しかし，福岡市の転入超過数（2023年）をみると，九州各県からの転入超過数は8,862人であるのに対し，東京圏へは2,339人の転出超過となっています。ダムが決壊しているとまではいえませんが，九州から東京圏への人口流出をせき止めているとはいえない状況です（**図表4-6**）。

　広島市のように，ダム機能を果たせておらず，東京圏へ人口を供給するポンプとなった地方中枢都市もあります。ダム機能を評価するかは別として，東京への人口流出を抑制できなければ，地方中枢都市といえども，衰退する恐れがあります。東京圏への人口流出を抑制するためには，福岡市の中枢性，学術性，国際性，金融力をさらに高める必要があります。

図表4-6 ▎地方中枢都市の転入超過数

（単位：人）

	全国	地域ブロック	東京圏
札幌市	8,933	10,881	-2,294
仙台市	1,659	6,513	-4,347
広島市	-3,795	1,340	-2,930
福岡市	8,911	8,862	-2,339

注1：地域ブロックはそれぞれ北海道，東北6県，中国5県，九州7県を指す
　2：東京圏は1都3県を指す
出所：総務省『住民基本台帳人口移動報告』

◆ブラックホール型自治体

　厚生労働省の「人口動態統計特殊報告」によると，2018年～2022年の福岡市の合計特殊出生率は1.19と，全国の1.33よりも低く，九州の市町村でもっとも低くなっています。大学生が多いという福岡市の特徴を差し引いたとしても，高いとはいえません。

　福岡市には，雇用機会や消費機会を求めて，他地域から若年女性が多く転入してきます。福岡市の合計特殊出生率が低いことは，地域ブロック全体の人口減少につながります。

　2024年に人口戦略会議が公表した，いわゆる「新・増田レポート」では，出

80　第 2 部　地域創生のケース

生率の低さを他地域からの人口流入で補って，人口を増加させている自治体を
「ブラックホール型自治体」と呼んでいます。現段階で，福岡市はブラック
ホール型自治体としてリストアップはされていませんが，出生率の向上には福
岡市だけでなく，他の地域と一体となって取り組む必要があります。

（3）　交流拠点としてのインフラ整備の遅れ

◆福岡空港の容量限界

　福岡空港の滑走路は，2,800mの 1 本のみでした。発着の順番待ちによって，
時間帯によっては遅延が常態化していました。滑走路の増設工事が進められて
2025年に供用開始されましたが，既存の滑走路に近接して設置されたため，大
幅な容量増加にはつながりません。

　また，周辺の住宅地への騒音対策のため，夜間（22〜 7 時）の発着は制限さ
れています。国際線の航空機が遅延したために，着陸できず引き返すといった
事態も生じています。

　旅客便で混雑しているため，貨物便が成田空港や関西空港へ流出する動きも
あります。物流機能の低下は，九州の産業にとっても悪影響を与えます。

　海上への新空港の建設や，北九州空港や佐賀空港などとの機能分担も検討さ
れてきましたが，福岡空港の利便性を低下させる恐れもあり，具体化はしてい
ません。滑走路増設後も，拡大する需要には十分に対応できないと見込まれて
おり，空港問題は福岡市にとって大きな課題です。

◆宿泊施設・MICE施設の不足

　福岡市では，以前から宿泊施設の不足が指摘されています。有名アーティス
トの公演や大学入試など，宿泊需要が増加する日には，市内の宿泊施設がほぼ
満室となることもありました。

　また，2019年のG20サミットや2023年の G 7 サミットの誘致を図りましたが
実現しませんでした。前者は大阪で開催され，福岡では財務大臣・中央銀行総
裁会議が開催されました。後者は広島で開催されました。各国首脳が宿泊する
ような高級ホテルの不足が，開催を逃した一因とされました。

　こうした状況を解消するため，福岡市では2016年に，容積率の緩和などをイ

第4章　地方都市のトップランナー：福岡市の戦略と課題　　81

ンセンティブとする「ハイクオリティホテル建設促進制度」を設け，複数の高級ホテル開業が実現しました。一般のホテルの整備も進みましたが，コロナ禍の影響による宿泊施設の人手不足問題もあり，宿泊施設の充実は依然として課題となっています。

4　アジアのリーダー都市を目指して

（1）　支店経済都市からの脱却

◆支店経済都市の弊害

　福岡市が「地域創生」の旗手として成長を維持するためには，支店経済都市からの脱却が必要です。支店経済都市とは，他地域に本社を置く事業所の比率が高い都市です。

　福岡市に立地する事業所（単独事業所を除く）のうち，県外に本所（本社・本店）を置く支所（支社・支店）の比率は，47.9％（2021年，経済センサス活動調査）となっており，政令指定都市では，仙台市（56.1％），千葉市（55.0％），さいたま市（54.2％）に次ぐ4番目の高さとなっています。

　日本の都市システムは，東京をピラミッドの頂点として，その下に大阪・名古屋，地方中枢都市，県庁所在都市という階層構造を形成しています。

　全国展開する大企業では，この都市システムに対応して，東京に本社を置き，地方中枢都市に地方支社，県庁所在都市に支店という組織配置を形成しています。多くの企業が同様の支社・支店配置を形成するため，都市の階層性は固定・強化されていきます。政府組織も同じような配置を形成しています。

　他地域に本社を置く事業所が多いことは，雇用を創出し都市規模を拡大させる一方で，経営に関する意思決定が他地域で行われるため，人口減少期においては，事業所の閉鎖や従業者の削減につながります。また，地域で発生した利益（付加価値）は，本社のある地域外へ流出するため，地域の自立的発展にはつながりません。

82　第2部　地域創生のケース

◆多国籍型の都市システムへ

　支店経済都市から脱却するためには，東京を頂点とする一国型の都市システムから，アジア諸国・地域を含めた多国籍型の都市システムへの転換を図る必要があります。

　東京本社の企業に依存するのではなく，アジアとの近接性を生かして，外国企業の支社・支店を誘致し，あるいは福岡本社の企業がアジア諸国・地域に支社・支店を設置し，アジアの諸都市との関係性を深める戦略です。

　経済産業省の『外資系企業動向調査』によると，福岡県の外資系企業の立地件数は31件（2019年度）で，三大都市圏を除くともっとも多くなっています。しかし，東京都の1,829件，神奈川県の297件，大阪府の143件などと比較すると，大きく見劣りします。

（2）　特区制度を利用した事業展開

◆グローバル創業・雇用創出特区

　2014年，福岡市は，全国で6か所指定された国家戦略特別区域（特区）の一つに選ばれました（2016年に北九州市も追加）。特区は，全国一律の規制や制度を一部地域のみ変更し，その効果を検証する制度です。福岡市は「グローバル創業・雇用創出特区」に認定されました。

　先述した，天神地区での航空法高さ制限のエリア単位での特例承認のほか，外国人創業人材等の受入促進，法人設立手続きの簡素化，スタートアップ法人減税，道路法の特例によるイベント開催の容易化などが認定されています。

　このうち外国人創業人材等の受入促進では，外国人の創業活動を促進するため，本来は創業にあたって，取得要件が厳しい在留資格（経営・管理）が必要なところ，福岡市が事業計画等を確認することで，6か月間特例的に創業活動を認めるという制度（スタートアップビザ）です。

　スタートアップ法人減税は，設立5年未満の法人が，医療・IoTなどの対象分野で革新的な事業を展開するといった要件を満たした場合に，法人税の課税所得から18％を控除，法人市民税（法人税割）を全額免除します。

　これらの事業に加えて，起業を考えている人たちの情報交換や相談の場となる，スタートアップカフェや雇用労働相談センターなども開設され，福岡市を

第4章　地方都市のトップランナー：福岡市の戦略と課題　　83

創業の拠点とする取り組みが展開されています。

◆金融・資産運用特区

　2024年には，福岡県と福岡市共同で，金融庁による「金融・資産運用特区」に，東京都，北海道・札幌市，大阪府・大阪市とともに選定されました。もともと2020年より，産官学の連携による国際金融機能を誘致する組織として「ＴＥＡＭ　ＦＵＫＵＯＫＡ」が設立され，2023年までに国内外の資産運用会社23社の誘致に成功しています。

　金融・資産運用特区は，①国内外の金融・資産運用業者の集積，②金融・資産運用業者等による地域の成長産業の育成支援，③成長産業（GX・スタートアップ）自体の振興・育成，などを目的としています。

　これを実現するため，英語による金融行政（事前相談や手続き等）を可能とする拠点開設サポートオフィスの設置や，外国人の銀行口座開設への支援，銀行によるGX関連事業に対する出資規制の緩和，地方公共団体によるデジタル証券発行に係る法令整備も行われています。

　一方で，地方都市の国際金融都市化を推進するためには，十分な政策が展開されているとはいえません。所得税や法人税の減税を含めた，国による踏み込んだ規制緩和が求められます。

（3）　アジアのリーダー都市を目指して

◆いずれ来る人口減少

　国立社会保障・人口問題研究所によると，福岡市の人口は，2020年の161.2万人から，2035年に166.9万人まで増加した後は，減少へ転じていくと推計されています。後背圏である九州は，2020年の1,278万人から，2050年には1,013万人へと，２割以上の減少が見込まれています。

　また，2020年の高齢化率は21.9％と，全国の28.6％よりは低くなっていますが，2050年には30.5％（全国は37.1％）まで上昇すると推計されています。

　これまでのように，人口増加による地域発展を期待することは困難です。

◆アジアのリーダー都市

　福岡アジア都市研究所は，首都・経済首都ではなく，人口が過度に集中したメガシティでもないにもかかわらず，生活の質において高い評価を受けるグローバル都市を「第3極」の都市として，分析を実施しています。

　「生活・コミュニティ」，「安全性・持続性」，「リソース・生産力」，「イノベーション・交流」の4分野60項目の指標を用いて，福岡市と，シアトル，ストックホルム，釜山など，類似した8都市とを比較しています。

　福岡市は，「生活・コミュニティ」，「安全性・持続性」という，生活の質に関わる指標では改善が見られるものの，都市の成長に関わる「リソース・生産力」，「イノベーション・交流」の指標では，他の都市に後れを取っていることが明らかにされています。外国生まれの居住者割合，外国からの訪問者数，国際会議の件数などが，相対的に低くなっています。

　福岡市の戦略には，「アジアのリーダー都市」を目指すことが掲げられています。アジアの諸都市との交流を深めながら，同時に地域の環境整備を進めることで，支店経済都市から脱却し，新たな福岡市の成長を創出していくと期待されます。

参考文献

公益財団法人福岡アジア都市研究所（2023）『「第3極」の都市2023』。
公益財団法人福岡アジア都市研究所情報戦略室（2024）『FUKUOKA GROWTH 2024』。
人口戦略会議（2024）『令和6年・地方自治体「持続可能性」分析レポート―新たな地域別将来推計人口から分かる自治体の実情と課題』
　https://www.hit-north.or.jp/cms/wp-content/uploads/2024/04/01_report-1.pdf（2024年8月30日閲覧）
杉浦勝章（2024）「北九州・福岡大都市圏」小田宏信編『日本経済地理読本（第10版）』東洋経済新報社。
西日本鉄道株式会社（2018）『創立110周年記念誌「まちとともに，新たな時代へ」』。

門司税関貿易統計特集ページ
　https://www.customs.go.jp/moji/moji_toukei/tokusyu.html（2024年8月30日閲覧）

第 **5** 章　温泉都市の地域創生

この章の概要

　温泉源泉数，温泉湧出量，温泉地数において世界一といわれる日本は，原油や希少金属を豊富に保有する国々と同様に，資源保有国として，資源を持たざる国と比較して絶対的に優位な立場にあるはずです。しかしながら，温泉資源を豊富に持つ日本国内の温泉都市は，世界的にみてきわめて希少な地域資源を賦与されているにもかかわらず，豊かではありません。

　イギリスとフランスを代表する温泉都市のバースとヴィシーでは，希少な温泉資源をもとに，日本よりもはるかに高い付加価値を，産業分野を横断して重層的に創出しています。これらの都市では，圏域内に集積する行政，企業，大学，研究機関などが，相互の連携・競争を通じて温泉産業クラスターを形成し，イノベーションによって既存産業に新たな付加価値を創出しています。

　日本では，これまで省庁主導でハイテク産業やバイオ産業などさまざまな分野でのクラスター形成政策が進められてきましたが，日本一の温泉都市別府では，国内ではじめての温泉産業クラスター誕生の可能性が高まっています。別府を先行例として，全国に温泉産業クラスターを形成していければ，温泉都市の地方創生は進展し，日本は真の世界一の温泉大国に変貌するにちがいありません。

1　温泉大国・日本の地域課題

（1）　豊かでない日本の温泉都市

　日本は世界一の温泉大国です。環境省によれば，日本の総源泉数は2万8千，毎分総量250万リットルを湧出しています。日本全国に宿泊施設を有する温泉地の数は3千か所を超え，海外で温泉地が多いとされるドイツの約300か所を

86　第2部　地域創生のケース

図表5-1 ▌日本の上位5温泉都市

都市 （自治体名）	温泉名	温泉総湧出量 （ℓ/分） （2014年）	人口 （人） （2015年）	人口増減率 （%） （2010-15年）	1人当たり 市民所得 （千円） （2015年）	同県平均値 （千円） （2015年）
大分県 別府市	別府温泉	83,058	122,138	-2.6%	2,141	2,619
大分県 由布市	湯布院温泉	44,486	34,262	-1.3%	2,394	2,619
岐阜県 高山市	奥飛騨温泉	36,904	89,182	-3.8%	2,604	2,717
静岡県 伊東市	伊東温泉	34,081	68,345	-4.3%	2,081	3,316
群馬県 草津町	草津温泉	32,300	6,518	-9.0%	2,567	3,145

出所：一般社団法人日本温泉協会（2014）「温泉統計ベスト10」『温泉』82-859，p.35，国勢調査，経済センサ
ス，各自治体市民経済計算をもとに筆者作成

はるかに上回っています（山村，2004）。

　日本最大の温泉総湧出量を有する都市は，大分県別府市です。世界ではアメ
リカのイエローストーンに次いで2位の総湧出量を誇り，人が入浴できる温度
の温泉湧出量としては世界一です。別府市に次いで，大分県由布市，岐阜県高
山市，静岡県伊東市，群馬県草津町が日本で温泉総湧出量上位5位を占めてい
ます。

　これら日本の総湧出量上位の温泉都市は，残念なことに，一人当たり市民所
得は相対的に低く，人口も著しく減少しています（図表5-1）。これらの都市
をみるかぎり，日本の温泉都市は，地域に賦与されている温泉資源を地域の経
済発展に有効活用しきれていないといわざるを得ません。

　日本では，温泉資源を保有しない観光地も数多く存在します。日本を代表す
る観光地を抱える自治体，あるいは観光で成り立っていると考えられる市町村
の数多くが「消滅可能性自治体」に入っています（佐滝，2024）。

　一方，ヨーロッパを中心に，海外には経済的に豊かな温泉都市が多く存在し
ます。これらの温泉都市は，日本の温泉都市よりもきわめて少ない温泉湧出量
にもかかわらず，温泉資源を最大限に活用して地域の経済力を高めています。

（2）　競争力ある世界の温泉都市

　2018年，別府市において「世界温泉地サミット」が開催され，筆者も参加し
ました。世界には数多くの温泉地が存在しますが，本サミットでは世界を代表

第5章　温泉都市の地域創生　**87**

図表5-2 ▏海外の主要温泉都市（世界温泉地サミットでの事例報告都市）

国名	都市 （自治体）	人口（人） （年次は 地域毎に 異なる）	広域圏名 または 国名	広域圏または 国1人当たり GDP（EURO） （2017/ 2018年）	EU28か国 1人当たり GDP （EURO） （2018年）	各地域における 特徴的な 商品・サービス
イギリス	バース市	88,859	North Somerset and South Gloucestershire	37,874	31,030	スパ，ローマ人の遺構温泉，世界遺産の街並み
フランス	ヴィシー郡	24,992	Auvergne-Rhône-Alpes	33,624	31,030	炭酸温泉水，化粧品，サプリメント，カジノ
イタリア	アバノ市	19,062	Veneto	33,295	31,030	泥セラピー，水中療法，ワイナリー
ドイツ	バートクロツィンゲン市	20,377	Baden-Württemberg	45,650	31,030	オープンスパ療法，リラクゼーション
アイスランド	グリンダヴィーク市	3,300	Iceland（国）	59,834	31,030	熱排水利用の世界最大級温泉・ブルーラグーン
ニュージーランド	タウポ市	24,900	New Zealand（国）	36,831	31,030	地熱発電，地熱温室栽培

注：イギリス，アイスランド，ニュージーランドの一人当たりGDPはEUROに換算表示
　　EU28か国1人当たりGDPは各広域圏および国との比較のための参考値として表示
出所：Eurostat，外務省国・地域情報，各自治体公開情報をもとに筆者作成

する温泉都市として16か国17都市が招待されました。これらのなかでもとりわけ，イギリス・バース市，フランス・ヴィシー郡，イタリア・アバノ市，ドイツ・バートクロツィンゲン市，アイスランド・グリンダヴィーク市，ニュージーランド・タウポ市の6つの温泉都市の代表がそれぞれの温泉資源の活用について事例報告を行いました。

　これら6都市は，いずれも人口10万人以下の小都市であり，それぞれの国の首都からも一定の距離にある地方圏に位置しています。にもかかわらず，世界的な温泉観光地としての知名度や集客力に加え，労働生産性においても高い水準にあります。これら温泉都市の特性として，温泉資源を宿泊業以外の分野においても多様に活用し，高度な付加価値が創出されていることが挙げられます。温泉資源がきわめて少ないバースでは，ローマ時代の温泉の遺構を集客資源として最大限に活用し，ヴィシー，アバノ，バートクロツィンゲンでは主に温泉成分を医療や美容に応用し，グリンダヴィークとタウポでは温泉の地熱を観光集客やエネルギー供給に活かしています（**図表5-2**）。

2 日本，イギリス，フランスのNo.1温泉都市比較

（1） 日本一の温泉都市・別府

　別府市は，大分県東岸の国東半島南部から広がる別府湾に面する都市です（図表5-3）。東京の羽田空港から大分空港まで航空機で約1時間30分，大分空港から別府駅まで空港バスで約45分でアクセスできます（図表5-4）。大分県は18の市町村によって構成されています。別府市の人口は約11.2万人（2024年），

図表5-3 ▎別府温泉（鉄輪地区）

出所：別府八湯温泉道事務局ウェブサイト（https://onsendo.beppu-navi.jp/introduce/whats-onsendo/）

図表5-4 ▎大分県別府市の位置，交通アクセス

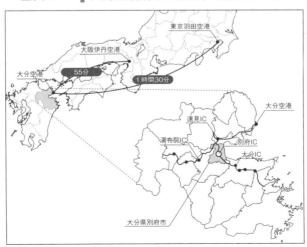

出所：筆者作成

市内総生産は3,648億円（2018年）であり、人口、市内総生産ともに県庁所在市の大分市に次ぐ県内第二都市です。別府市内には、筆者が教鞭をとる立命館アジア太平洋大学を含め、別府大学、別府溝部学園短期大学の3つの大学・短大が立地しており、学生総数約9千人は別府市人口の約8％に相当します。

◆宿泊業の生産性に課題

　市内総生産に占める宿泊・飲食サービス業の比率は、大分県全体では3.0％であるのに対して、別府市の同比率は9.0％です。一人当たり市町村民所得は、大分県平均の271万円に対して、別府市は234万円にとどまっています。別府市の一人当たり所得の低さは、別府市の主要産業である宿泊・飲食サービス業の生産性の低さに起因していると考えてよいでしょう。

　別府市を訪問する日帰りを含む観光客数は、2023年は約680万人でした。宿泊者数は、2011年以降、2019年にかけて200万人台へと推移していました。コロナ禍により、2020年以降の宿泊者数は半減したものの、2023年にはコロナ禍以前の水準まで回復しています（図表5-5）。

　外国人宿泊者数については、2011年に14万人であったのに対して、2019年には36万人へと22万人増加しました。国籍別にみると、韓国人が最も多く45％を占めています（図表5-6）。別府市の2019年の宿泊者数一人当たりの消費額は、外国人は2.3万円、日本人は2.7万円でした。一方、2019年の訪日外国人の一人当たり消費額の全国の平均値は15.9万円でした。訪日外国人では、中国人が

図表5-5　大分県別府市　宿泊者数推移

出所：大分県観光統計調査をもとに筆者作成

図表 5-6 別府市宿泊者数構成比および全国訪日外国人構成比（2019年）

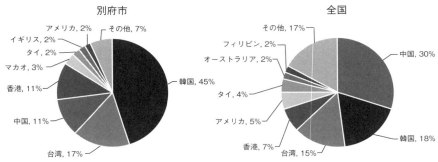

出所：大分県観光統計調査およびJNTO「日本の観光統計データ」をもとに筆者作成

30%を占めており，韓国人は18%です（図表5-6）。近年における別府市の観光産業は，アクセスの良い韓国からの客単価の低い韓国人観光客によって下ざさえされてきたことがわかります。

別府市の宿泊業を主としたサービスによる域外への付加価値移出額に対して，食品など域外からの付加価値移入も多いため，移出超過とは確定できないとの指摘があります（三好，2012）。実際に，RESAS（地域経済分析システム）による2018年の地域経済循環図によれば，別府市の地域経済循環率は79.6%にとどまっています。日本一の温泉都市でありながらも，主力の宿泊業の生産性の低さは，一人当たり市民所得の低さと，地域の不安定な雇用の要因にもなっています。

（2）世界遺産温泉都市・バース

バース市は，英国南西部に位置する人口約9万人の小都市です（図表5-7）。イギリスの首都ロンドンからおよそ150キロ離れていますが，高速鉄道で約1時間15分でアクセスでき，ロンドン・ヒースロー空港からも1回の乗り換えで到着することができます（図表5-8）。東へ18キロ鉄道で10分の位置に人口約47万人のブリストル市があります。別府市と大分市のように，経済的なつながりの強い圏域を形成しています。また，バース市にはバース大学とバーススパ大学，バースカレッジの3つの大学・短大が立地し，学生総数は約3万人と市

図表5-7 イギリス・バース市

出所：筆者撮影

図表5-8 イギリス・バース市の位置，交通アクセス

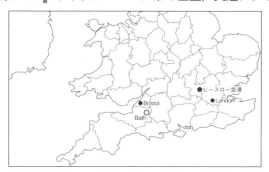

出所：筆者作成

人口の1/3を占めています。バース市はまた，1994年に別府市と姉妹都市協定を締結しています。

◆自治体自ら観光で稼ぐ

　バース市の経済は，観光によってささえられているといわれています。2020年にバース市内に立地する企業数は5,325件でしたが，そのうち宿泊・飲食業

は9.5％にあたる510件でした。バース市では，専門科学技術（22.4％）が最も多く，情報通信（10.3％），業務管理・支援（7.5％）といった業種のウェイトが高いのが特徴です。これらの業種はテレワークにも適しており，バースには多くのテレワーカーがいるとされる要因になっています。

バースは，古代ローマ人によって築かれた街であり，温泉を使用したローマ式浴場が建設されたのがはじまりです。現在は，浴場の遺構およびジョージアン様式の街並み，街全体を取り囲むグリーンベルトが世界遺産として登録されており，観光客集客の主要な役割を担っています。

2023年にバース市を訪問した日帰りを含む観光客数は約600万人です。別府市の約680万人と同等の集客力を持ちます。宿泊客数は約142万人であり，うち外国人は22％の31万人ですが，外国人宿泊客の消費額は宿泊客全体の42％を占めるとされます。外国人はとくに北米，ヨーロッパ，オセアニアからの観光客が多いとされます。バース市にもたらす観光収入は年間約2千億円（約10億ポンド）とされています。バース市およびブリストル市の周辺地域を含む広域圏の2022年の情報ですが，観光収入の32％は小売業，次いで飲食が29％，15％は宿泊，15％はツアー関係，9％はアトラクション・娯楽といった業種にもたらされました。これらのなかで，小売業は海外からの訪問者の支出が国内からの訪問者の支出を上回っています。とくに市中心の繁華街は，観光客がすぐに商品を購入する恩恵を受けているようです[1]。

バース市は，1987年に単独で世界文化遺産に指定されました。2021年にはさらに，ヨーロッパの大温泉都市群（The Great Spa Towns of Europe）として，バースを含む18世紀初頭から1930年代にかけてヨーロッパでの温泉入浴文化を飛躍させたとされる7か国11の温泉都市とともに，世界文化遺産に再度登録されています。市内に設置されているバース世界遺産センター（Bath World Heritage Centre）

図表5-9 ┃ Thermae Bath Spa

出所：Visit Bathウェブサイト（https://visitbath.co.uk/things-to-do/thermae-bath-spa-p26231）

では，2つの世界遺産を冠する都市を前面にアピールしたプロモーションが行われています。それと同時に，バースとともにヨーロッパの大温泉都市群に指定されている都市についてもプロモーションされています。

バースには温泉源が3つしかなく，これらのなかで実際に入浴で

図表5-10 Roman Baths

出所：筆者撮影

きる温泉は2つしかありません。その1つのサーメ・バース・スパ（Thermae Bath Spa）（図表5-9）は，屋上にバース市街地を一望できる露天風呂を持つ高級スパとして，高い付加価値が創出されています。バスローブやタオルは支給されるとはいえ，入浴するだけで日本円で8千円ほどの料金ですが，予約は常に数日先まで埋まっている状況です。この施設は，バース市の広域自治体であるバース＆北東サマーセット・カウンシル（Bath & North East Somerset Council）を主に開発が行われ，2003年にオープンしています。それまでバースでは，現在博物館になっているローマン・バス（Roman Baths）（図表5-10）が整備される前の時期に人々が直接入浴していたとされます。しかし，湧出量が少なく，雨ざらしになっている状態の温泉は衛生面で問題があったため入浴が禁止になったこともあり，サーメ・バース・スパが開発されました。

ローマン・バスはバース市によって開発・運営されています。入場料は日本円で5千円ほどと安くないにもかかわらず，入場者数は年間100万人を超えており，バース市財政における重要な収入源です。一方，バース市民の入場料は無料であり，上述したサーメ・バース・スパにも市民は割引料金で入場できます。

◆観光以外のプレーヤーをつなぐ

バース市の観光および街づくりにおいて，バース市行政に加え，2つのNPOが機能しています。Visit Westは，バースおよびブリストル市を含む広域

圏の観光促進を担うLVEP（Local Visitor Economy Partnership）です。近年イギリスではDMO（Destination Marketing/Management Organization）が再編され，LVEPとして全国各地で広域圏単位での組織の設立が進んでいます。Bath BID（Business Improvement District）は，主に地元のビジネス全般を活発化させるための組織であり，2004年に設立されました。Visit West，Bath BIDはともに，それぞれ600を超える会員企業・団体によって構成されており，宿泊業や飲食業などの観光業のみならず，小売業，不動産業，金融業，医療，大学なども会員となり，メンバーシップのランクに応じた会費によって運営されています。具体的には，観光客に対するウェブや地図，サインによる情報提供といった観光推進にかかわる事業をVisit Westが担い，市行政ではまかないきれない街並みの美化やクリスマスイベントといった行事の運営をBath BIDが担い，街の魅力向上と収益力強化に取り組んでいます。さらに，バース大学はイギリスの大学のなかではじめてCO_2削減目標をかかげ実施している大学として知られており，バース市のサステイナビリティ政策にも研究者らが協力しています。各種イベントへの学生の参加なども含め，大学都市としての利点が観光促進やビジネス開発に活かされています。

　日本では近年，DMOが増加してきましたが，日本の典型的なDMOは行政からの補助金や人的支援で成り立っています。それに対して，バースを含むイギリスでは，DMOの発展形であるLVEPやBIDは個別のプロジェクトでは行政からの補助金や支援を受けるものの，完全に独立採算による経営が成立しています。

　バースでは，LVEPとBath BIDの強い役割によって，地理的に集積する行政，企業，大学，研究機関などが，相互の連携・競争を通じて既存産業に新たな付加価値（イノベーション）を創出する状態，すなわち温泉産業クラスターを形成している可能性が高いといえるでしょう。

　日本の上位総湧出量温泉都市の基盤産業はすべて，宿泊業です。温泉は，観光を目的とした観光客向けの温泉入浴施設を有する宿泊施設として建設・運営されているケースがほとんどでした。加えて，温泉入浴施設については，市民に対するサービスとして独立した温泉入浴施設も配置されており，たとえば別府市営温泉の入浴料金は一部施設を除き，200円〜300円程度です。もちろん，温泉資源の市民の気軽な利用はその都市の幸福度を高めるために必要です。そ

のような方策は残しながらも，温泉という，世界的にみると絶対的に優位な資源を保有しているからには，産業クラスターの形成による付加価値の向上を目指していくべきです。

（3） 世界遺産温泉都市・ヴィシー

ヴィシーは，フランスのほぼ中央に位置する小都市です（図表5-11）。首都パリからは約400キロ，高速鉄道で約3時間の距離にあります。また，フランスの都市圏人口第2位で世界遺産都市のリヨンから約100キロ，鉄道で2時間の距離にあり，リヨンの広域観光圏にも入る地域です。リヨン空港へも鉄道で比較的容易にアクセスできます（図表5-12）。ヴィシーは，オーヴェルニュ＝ローヌ＝ア

図表5-11 ┃ フランス・ヴィシー郡の位置，交通アクセス

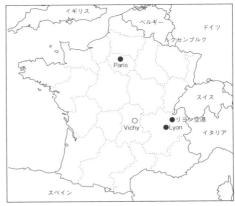

出所：筆者作成

図表5-12 ┃ フランス・ヴィシー

出所：Vichy mon amourウェブサイト（https://vichymonamour.com/discover/city-envy/）

ループ地域圏（région），アリエ県（département）のなかに位置します。フランスの地方圏では，arrondissement（郡と翻訳されることが多い）が市に相当する自治体であり，ヴィシー郡の人口は約2.5万人です。さらに，2017年には，周辺の38の郡との共同体（communauté）であるヴィシー共同体も誕生し，その人口は8.4万人です。

◆世界遺産群のメリットを享受

　ヴィシーもバースと同様に，歴史はローマ時代に遡ります。ヴィシーでは炭酸温泉が湧出し，中世以降貴族の湯治場として発展してきました。19世紀後半にはナポレオン三世が統治を行い，パリとともに都市の大改造が行われました。ヴィシー駅と中心街をつなぐパリ通りと名付けられたメインストリートは，パリのブールバールの小型版をイメージさせます。歴史的に湯治場として長期滞在する旅客が多かったことから，約2.5万人という街の規模と比較して宿泊施設や保養施設が充実しています。また，第二次世界大戦中に一時期フランス北部がドイツに占領された際に，フランス南部の首都にヴィシーが制定され「ヴィシー政権」が設置されたことによって都市の整備がさらに進んだ経緯があります。大戦後は，イギリスと同様にフランスでも海岸沿いの保養地の人気が高まったため，ヴィシーのような山岳地帯の保養地の開発はあまり進みませんでした。それが功を奏し，古くからの伝統的な建築物が現代でも多く建て替えらえずに保存・利用されています。

図表5-13　オペラ劇場

出所：Vichy mon amourウェブサイト
　　　（https://vichymonamour.com/discover/city-envy/）

　ヴィシーは2021年に先述したバースなどとともにヨーロッパの大温泉都市群として街の主要部分が世界文化遺産に選定されました。街にはアールデコ，アールヌーボー様式の歴史的な建築物や飲泉施設のHalle des sources，オペラ劇場（図表5-13），カジノなどが立ち並び，美しい街並みのなか

図表5-14 温泉水スパ

出所：筆者撮影

で長期保養する観光都市として発展してきています。世界遺産登録なども含むヴィシーの観光地政策を担うヴィシー観光局（Office de tourisme et de thermalisme）によれば，2022年にヴィシーおよび周辺38郡からなるヴィシー共同体を訪問した観光客の延べ宿泊客数は216万人であり，うちフランス人が154万人，外国人は62万人でした。2021年に世界遺産に登録されて以来外国人観光客は増加し，ドイツ，オランダ，イギリス，スイス，スペインの順に多くなっています。ヴィシーはまた，保険制度を利用した3週間程度の長期滞在者が全体の約3割を占めているともされます。

ヴィシーはバースとは異なり，289か所の源泉があるため温泉施設は充実しています。温泉施設はホテルに付随しているものが多くを占めますが，日本でいう日帰り温泉と同じようにビジター利用できる施設も多くあります。代表的な温泉施設であるVichy Célestins Spa（図表5-14）には，ヴィシー温泉水のジャグジーとサウナ，飲泉がセットで利用できるコースがありますが，バスローブとタオルの貸し出しも含めて日本円で約7千円という価格です。さらに，温泉水を利用したボディケアやトリートメントは数万円単位の価格となります。市内には温泉水を飲むための飲泉施設（図表5-15）も複数あり，観光客向けの無料の蛇口もあれば，医師の処方箋に応じて指定量を自分で汲んで飲泉する異なる成分の複数の蛇口も準備されています。ヴィシーではさらに，ボトル入りの温泉水，温泉成分を使用した化粧品やサプリメント，もともとは医薬品であった温泉成分からつくられたキャンディなどが，「Vichy」ブ

図表5-15 飲泉施設

出所：筆者撮影

図表5-16　ヴィシー温泉水を使用した商品	図表5-17　ヨーロッパの大温泉都市群プロモーション
	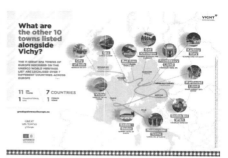
出所：筆者撮影	出所：筆者撮影

ランドとして数多く製品化され，観光案内所で観光局職員が自ら販売しています（図表5-16）。観光案内所では，バースで行われているのと同様に，ヨーロッパの大温泉都市群の温泉都市をともにプロモーションしています（図表5-17）。

◆長期滞在型温泉街づくりを目指す

　ヨーロッパでは，療養・保養に社会保障が適用されてきた歴史があり，数週間にもおよぶ長期滞在型の療養・保養型温泉地が多く存在します。これら温泉地では，ヴィシーのように長期滞在に対応するため，温泉保養施設だけでなく，飲泉場をともなう公園，ホテル，ペンション，カジノ，ショッピング街に加え，イベントなどのソフト面の整備も行き届いた，多様なステークホルダーによる街づくりが歴史的に行われ，温泉産業クラスターが形成されていると考えられます。

　一方，日本では江戸時代において大名や武士の支配階級から庶民まで身分を問わず，温泉地での長期滞在による疾病治癒を目的とした湯治が全国レベルで盛んでした。別府や草津のような温泉地は，湯治場として人々が長期滞在する街として発展してきた歴史を有しています。しかし，明治から昭和にかけて湯治文化は徐々に衰退し，第二次世界大戦を経て温泉地の歓楽街化，短期滞在化へとシフトしました（山村, 1998）。

第5章　温泉都市の地域創生　99

　ヨーロッパにおける温泉地の数は，日本と比較してきわめて少なく，そのため，歴史的に希少な医療資源として療養・保養に活かされ，その過程において社会保障制度や長期休暇制度が適用されてきました。相対的に温泉地の数が多い日本では，温泉地は日本人にとって大衆向けの娯楽の場として高度成長期に急速に発展したため，社会保障制度や長期休暇制度とは相容れない存在となったのです。

　日本においては，今後さらに湯治と医療の関係性を高めつつ，フランス・ヴィシーでみられるような，社会保障制度の活用も視野に入れ，温泉地での長期滞在の促進を進めるべきです。また，既存の温泉施設だけでなく，これまでは温泉観光と直接関連してこなかった地域内の資源やサービスを組み込んだ，温泉産業クラスターを目指した長期滞在型温泉街づくりの視点が重要です。

3　温泉産業クラスター形成に向けて

（1）　別府市温泉産業クラスター形成の可能性

　ここではまず，別府市の従業者数をもとに経済基盤分析を行い，比較優位にある業種を特定します。そのうえで，温泉産業クラスターの潜在的な構成要素を明らかにしていきます。

　図表5-18に示すように，別府市の宿泊業の特化係数は6.3ときわめて高い数値です。この数値からは，別府市の経済は宿泊業に過度に依存している状況が改めて浮き彫りになります。別府市の温泉資源の多くは，商業的には宿泊施設にて利用されているという現状からすると，宿泊業以外の領域における温泉資源活用の余地は小さくないと思われます。ちなみに，宿泊業に次ぐ基盤産業は，保健衛生（3.0），教育・学習支援（学校教育）（2.5），医療業（2.3）です。

　本分析からは，別府市最大の基盤産業である宿泊業を主とした観光産業に，教育産業ならびに医療産業を含めた産業横断的な温泉クラスター形成の可能性を見出すことができます。

　別府市にはすでに，高度な教育研究分野および医療分野の機能集積は存在し

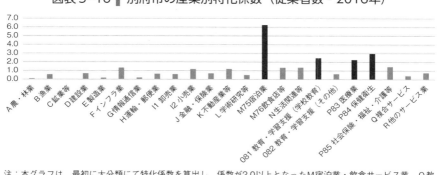

図表5-18 別府市の産業別特化係数（従業者数・2016年）

注：本グラフは，最初に大分類にて特化係数を算出し，係数が2.0以上となったM宿泊業・飲食サービス業，O教育・学習支援業，P医療・福祉の3つの大分類のみを中分類に置き換えて再算出した結果を示している
出所：久保・山﨑（2022）p.79.

ます。1923年に京都大学大学院理学研究科附属地球熱学研究施設が設置され，1931年には九州大学温泉治療学研究所の診療所として九州大学病院別府病院が設立されました。2000年には，日本人学生と100か国からの留学生の比率がそれぞれ半数の国際性豊かな立命館アジア太平洋大学（APU）が開学し，多様な若者人材と外国人材の集積する都市へと変貌してきています。

◆観光都市ならではの強みを活かす

　別府市は，11万人程度の小都市ですが，コロナ禍以前には毎年800万人規模の観光客を受入れ続けてきました。その結果，人口規模を超える水準の交通・交流機能を有しています。それゆえ，日本の大都市圏周辺に位置する小都市とは異なる都市機能と都市基盤を備えています。

　また，別府市は気候温暖な瀬戸内海に面しており，新鮮な魚介類も豊富です。県庁所在都市である大分市までは，鉄道で15分，自動車では一般道を利用して約20分とビジネス面での利便性も低くありません。

　先述したとおり，別府市には観光のみならず，教育・研究，医療の機能が集積しています。さらに，大分空港には市内から45分でアクセスできます。また，市内にはクルーズ船が停泊可能な別府国際観光港があり，8千人収容可能な国際コンベンションセンターのビーコンプラザも立地しています。高速道路網も

整備され，福岡市や福岡空港とも高速道路によってつながっています。

これらの社会基盤に加え，これまで別府になかったラグジュアリな宿泊施設として，2019年にANAインターコンチネンタルホテルが開業し，2021年には星野リゾート「界」がオープンしました。国内外の富裕層の誘致による温泉地としてのブランド価値は高まりつつあります。

さらに，コロナ禍を経てテレワークが全国的に普及するなか，古民家などの地域資源を活かしたコワーキング施設の開業が相次ぎ，日本経済新聞社の調査では，テレワークのしやすい都市九州3位に選出されました（日本経済新聞 2021年9月3日朝刊）。

DX時代におけるテレワーク，ワーケーション，プレジャーといった新しい社会動向をも加味しつつ，今後の別府市の温泉産業クラスターの形成に向けて，図表5-19に示すように既成の要素および今後取り込むべき要素を抽出します。これらの新旧の構成要素について，以下のような新たな事業展開が可能となります。

①温泉宿泊施設と医療機関の協働による長期滞在・療養型のヘルスリゾートの展開（ドイツのクアオルトのような保険適用制度導入も視野に）
②立命館アジア太平洋大学の全寮制社会人向け教育を含む温泉宿泊を伴う生涯学習，リスキリング（reskilling）リゾートの展開（デンマークのフォルケ

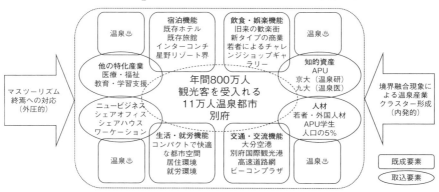

図表5-19　別府市温泉産業クラスターの構成要素

出所：久保・山﨑（2022）p.80.

ホイスコーレを参考に）

③九州大学（温泉医療），京都大学（温泉研究），APU（サステイナビリティ観光学部）の研究力・教育力および国内外の多様な人材を活かした温泉関連商品の開発とグローバル展開（APUとフンドーキン醤油株式会社のコラボによる「はちみつ醤油ハラール」を参考に）

④大分空港への近接性，温泉宿泊施設，コンベンション施設，シェアオフィスを活かした高付加価値のMICEの展開

⑤DX化の進展にともなうワーケーション等の推進による観光以外の目的の来訪者・滞在者の誘客，二地域居住への対応および移住の促進

　上記のような事業展開をともなう温泉産業クラスターの形成は，地域に賦与されている温泉資源を地域の経済発展に有効活用する可能性を示すモデルとなりえるでしょう。

（2）　別府市の新湯治・ウェルネスツーリズムの推進

　別府市では，長野恭紘市長のリーダーシップにより，コロナ禍での観光客の行動変化を見通し，2023年より古来の湯治を現代版として復活させる「新湯治・ウェルネスツーリズム構想」を推進しています。ウェルネスツーリズムは，消費単価が高いうえ滞在期間が長く，全世界で490兆円という市場規模で今後さらに市場拡大が期待される有望なビジネスです。別府の温泉を自然，歴史・文化，食などの地域資源と組み合わせることにより，「医療・美容・健康」をテーマとした，これまでにない新たな魅力のある観光施設やサービス，商品の構築を目指すとしています。

　別府市の長野市長は，2015年に当時40歳の若さで初当選し，2023年より3期目を務めています。2023年に立命館アジア太平洋大学に新設されたサステイナビリティ観光学部の客員教授にも就任しています。長野市長は就任以来，別府市の遊園地「ラクテンチ」で温泉を組み合わせた「湯〜園地」のイメージ動画をYouTubeにアップし，高い反響を受けて期間限定で実際にオープンさせたり，2019年ラグビーワールドカップ開催を機に全国に先駆けてタトゥー（入れ墨）があっても入浴が可能な市内100施設を示す地図を作成しインターネットで公開するなど，ほかの自治体では考えられなかったようなイノベーティブな

第 5 章　温泉都市の地域創生　103

取り組みを主導してきました。

◆新たな価値創造を目指す

「新湯治・ウェルネスツーリズム構想」においては，別府市内にウェルネスツーリズムの研究・実践拠点を複数整備したうえで，温泉施設，旅館・ホテル，運動施設・リラクゼーション施設，飲食店といった市内の新旧事業者のポテンシャルを活かした連携により，「新たな価値の創造」に別府全体で取り組むとしています（図表5-20）。その先駆けとして，ウェルネスツーリズムの先進

図表5-20 ▎新湯治・ウェルネスツーリズム事業のイメージ

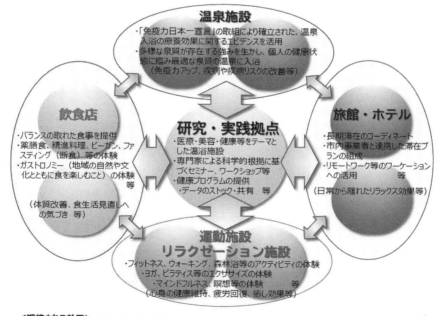

出所：別府市（2023）「新湯治・ウェルネスツーリズム事業に関する調査委託業務報告書」p.2.をもとに作成

温泉都市であるヴィシーを市長自ら訪問し，連携を開始しています。さらに，国内における化粧品大手のポーラや飲料大手のアサヒ飲料などと包括連携協定を締結しており，今後は，別府の温泉を活用した商品開発や実証実験において協働していくことが見込まれます。

別府市には，姉妹都市バースを参考に2017年に設置されたNPO法人のB-biz LINKがあります。観光庁のDMO認定は受けていませんが，別府市行政と民間企業のつながりの構築，観光のプロモーションおよびマーケティング，人材育成など，行政ではまかないきれない施策を担ってきています。「新湯治・ウェルネスツーリズム構想」においても，市民を巻き込んだ実証実験などのイベントの開催を請け負っています。

別府市に温泉産業クラスターが形成される条件は整いつつあります。

4　温泉都市の地域創生戦略

日本の温泉都市は，かつては湯治文化において多様な人々の長期滞在を受け入れる寛容性の高いデスティネーションでした。近年においては，マスツーリズムの対象として大衆化したものの，マスツーリズムに対応するために蓄積されてきた社会基盤や都市機能は，同規模の都市と比較して豊富です。

温泉都市を訪問・滞在する人たちの属性が日帰りや1泊2日の観光客から，中長期の滞在者へとシフトしていくためには，これまでの観光スポットの整備や新しいお土産品の開発ではなく，中長期滞在型のデスティネーションへの転換とともに，ヨーロッパの温泉保養地にみられるような，街並みの美しさや地域生活の豊かさが，誘客の条件となります。

事例として取り上げた別府市においては，ラグジュアリなホテル・旅館の立地により温泉都市としてのブランド化，高級化は徐々に進展しています。既存の宿泊施設においても，ワーケーションやプレジャーと呼ばれている「ビジネス観光」に対する対応策も求められます。具体的には，テレワーク対応型のリノベーション（高速ネット回線，コンセント数，テレワーク用のデスク，椅子，デスクライト等の整備や長期滞在用に適した食事，保育サービスや居住者間の

交流イベントの提供など），デジタルノマドやアドレスホッパーと呼ばれる新しいフリーランス向けのコレクティブハウス（空き家を活用）や，身体障がい者・リハビリ患者に対応した建物・トイレ・バスの改築・改修，サテライトオフィス，シェアオフィス，コワーキングスペースへのコンバージョンなどの取り組みです。2021年5月，ビッグローブは別府市に若手社員を交替で3カ月間滞在させるためのワーケーションスペースを開設しました。こういった従来の観光客とは異なる人材の地域への流入によって生じる「セレンディピティ」をイノベーション創出に結びつけられるかどうかは，地域住民，地域企業，行政の意識と能力次第です。

◆新旧プレーヤー融合とシステム変革

　温泉産業クラスターの形成は，宿泊業・観光施設・バス会社・お土産店・飲食店などの既存の観光関連産業に限定されない，温泉の付加価値を活かした幅広い産業の事業展開によって実現可能となります。温泉産業クラスターは，ワーケーションやリモートワークといったポストコロナ時代の新しい社会の潮流という追い風を受け，宿泊需要の平準化，オーバーツーリズムの回避，雇用の安定，ひいては豊かで魅力的な地域社会の形成，そして地域経済の発展へと結びつくはずです。環境省によれば，日本で温泉とともに宿泊施設が立地する温泉観光地の数（2018年）は，都道府県別では北海道が244か所と最も多く，2位の長野県215か所以降，3位新潟県145か所，4位福島県136か所，5位青森県129か所，6位秋田県119か所まで東北の地域が占めています。温泉産業クラスターは，北海道・東北の地域創生の切り札にもなり得るでしょう。

　すでに指摘したように，中長期の滞在型温泉都市へのシフトの実現は，既存宿泊業者のリノベーションやコンバージョンに加え，地域内における伝統的な観光業者の主体的意識変化・経営方針転換および観光業以外の産業や組織との連携が不可欠です。そのためには，行政と対等に活動することができる独立性の高いDMOの育成も不可欠です。

　さらに，マクロ的視点としては，副業・兼業やプレジャー・ワーケーション，リモートワークを認める企業の新しいワークスタイルへのシフト，および国の健康保険制度（リハビリや温泉療法への保険適用）や教育制度の変革（デュア

106 第2部 地域創生のケース

ルスクール制度「区域外就学制度」）も同時に進展させていく必要があります。
　日本の温泉都市における温泉産業クラスター形成は，地域におけるクラスター構成要素の再編のみならず，国家的な法制度や社会システムの改革が加わることによって，実現可能となるのです[2]。

注

1　Visit Westヒアリング調査および　https://www.visitwest.co.uk/about-the-regional-visitor-economy/research（2024年9月21日閲覧）
2　本稿は，久保・山﨑（2022）をもとに，筆者が2023年9月および2024年9月にバースおよびヴィシーでの現地調査結果を加筆し大幅に修正したものです。本稿作成にかかわる研究の一部は，JSPS科研費（JP 21K17982）の助成を受けたものです。

参考文献

久保隆行・山﨑朗［2022］「日本の温泉都市における温泉産業クラスター形成の可能性―大分県別府市と海外温泉都市との比較考察をもとに」『日本都市学会年報』55, 73-82.
佐滝剛弘［2024］『観光消滅-観光立国の実像と虚像』中央公論新社。
三好健太郎［2012］「地方における観光消費に対応した産業クラスター形成に関する考察―大分県における観光消費に伴う波及効果と流通実態を中心事例として」（観光庁平成23年度「観光統計を活用した実証分析に関する論文」）。
山村順次［1998］『新版 日本の温泉地－その発達・現状とあり方』日本温泉協会。
山村順次［2004］『世界の温泉地―発達と現状（新版）』日本温泉協会。

第 **6** 章　新生・シリコンアイランド
九州のデザイン

この章の概要

　2021年12月，熊本県に世界最大のファンダリである台湾TSMCの日本法人JASM
が設立されました。2024年12月に初出荷という稀にみる迅速な立ち上げです。

　JASMの設立は，日本の半導体産業の潮目を変えた象徴です。半導体に関する産業
政策も再始動し，国内での関連投資が増加し，日米台連携の強固なグローバルサプ
ライチェーンが構築されつつあります。

　九州では，JASMをトリガーとして，これまでの半世紀で培われてきた半導体関連
企業群や，多様で高度な専門人材，大学，産業支援機関がマグネットとなり，頭脳
なきシリコンアイランドから知的なエコシステムへと進化し始めています。

　九州の半導体生産額は全国の5割を占めるまでになっていますが，世界シェアは
1/10程度にまで低下しています。今後は，世界の半導体産業の成長速度に追いつく
とともに，「グリーンシリコンアイランズ」をキーワードとした新しいエコシステム
への移行が課題です。

1　半導体産業の新潮流～DX・GX・経済安全保障

（1）　半導体市場の新たな成長

◆成長を続ける半導体市場

　世界半導体市場統計（WSTS）によると，2025年の世界の半導体市場は6,870
億ドル（約100兆円）になると予測されています。過去25年間の年平均成長率
は6.6％で，市場規模は5倍に拡大しています。成長要因は，市場の多様化と
重層化にあります。

　近年では，スマートフォンやタブレットなどのパーソナル向けデジタル機器

108　第2部　地域創生のケース

に加えて，DXとGXの流れのなか，5Gやビッグデータ，AI，IoT，ADAS
（自動車の電動化と自動運転），スマートシティ（MaaS，ZEB，デジタルガバメントなど），AIロボティクス，医療機器・情報薬・ヘルスケアチップ，エネルギーマネジメント（省電力・カーボンニュートラル）などに対応したB to Bの新しい巨大な半導体市場が生まれ，これまでにない底堅い新たな成長市場が形成されつつあります。

◆GAFAMによるゲームチェンジ

　生成系AIやフィンテックに代表される新たなアプリケーション（デジタルサービス）の登場によって，高度なセキュリティやコンピューティング能力，低消費電力対応が求められています。半導体は，それらのキーデバイスとして注目を集めています。

　AI用GPU世界一のファブレス半導体メーカーNVIDEAは急成長しており，株価も急騰しています。しかし，NVIDEAは今や半導体メーカーではなく，GPUを活用したAIプラットフォームやサーバーシステム，エッジAIソリューションを提供するデジタル企業へと変貌しています。

　Googleは，半導体設計の民主化を目指したオープンシリコンプロジェクト（Open MPW）によって新しいアルゴリズムの試作チップ開発支援に乗り出し，世界の半導体設計の知を集め，共有しようとしています。

　AppleやAWS，MetaもAIプロセッサー，データセンター向けCPU，AIアクセラレーターなどのチップ開発に取り組み始めました。いずれも自社のデジタル機器やデジタルサービスの差異化に向けた積極的な動きであり，これらのアプリケーションサイドが半導体ビジネスの主導権を握りつつあります。

（2）　戦略物資となる半導体～産業政策の再始動

◆経済安全保障による立地再編

　2000年初頭の米中貿易摩擦に端を発し，2022年のロシアのウクライナ侵攻などで中国・ロシアとアメリカの政治的対立が深まりました。半導体は最先端のデジタルサービスや軍事技術など幅広い産業分野の競争力の源泉となる戦略物資です。このため，世界各国では「経済安全保障」という名目で産業政策が強

化されています。アメリカではCHIPS法による5.3兆円規模の設備投資助成基金や1.6兆円規模の研究開発・プロトタイピング予算が組まれました。ヨーロッパでも，2030年までに6.2兆円規模の官民投資を計画した欧州半導体法が制定されています。

　アメリカは，設計や設計ツール部門において50％を超える世界シェアを有していますが，製造（ファンダリ（前工程）・OSAT（後工程））や材料では20％以下です。これに対して，製造は台湾が50％超，材料は日本が約50％を占めています。製造装置は，日米合計で60％超となります。経済安全保障の観点から，日米台による強固なサプライチェーン構築が求められています。

◆半導体・デジタル産業戦略

　経済産業省は，「半導体・デジタル産業戦略」を2021年6月に策定（2023年6月に改定）しました。国内の半導体製造基盤の確保と強化を図るべく，「必要な半導体工場の新設・改修を国家事業として主体的に進める」とし，「海外の先端ファンダリの誘致を通じた日本企業との共同開発・生産や，メモリ・センサー・パワー等を含めた半導体供給力を高めるための我が国半導体工場の刷新等について，他国に匹敵する大胆な支援措置が必要」との認識が示されています。TSMCの熊本県への立地も同戦略を受けたものです。

（3）　日本の半導体産業の反転攻勢に向けて

◆日本半導体の敗戦要因

　1980年代半ばに世界シェア50％を有した日本の半導体産業は，2023年には7％程度まで落ち込んでいます。経済産業省（2021）は，日本の半導体産業衰退の要因として，日米半導体協定（1986～1996年）を契機とした成長制約，1990年代の半導体のメモリー（DRAM）からロジック（CPU）への転換対応の失敗，1990年代後半以降の設計・製造の垂直統合型モデルからファブレス／ファンダリの水平分業型モデルへの転換の失敗を挙げています。

　また，円高による生産拠点の海外移管や海外メーカーとの連携・技術移転と，その後の連携解消なども，日本からの技術とビジネスの流出に拍車をかけました。2000年代初頭から，日本の半導体メーカーは，総合電機メーカーから半導

110 第2部 地域創生のケース

体部門を独立させ，企業再編を重ねて対抗しようとしましたが，投資規模に勝る海外ファブレス／ファンダリに主導権を奪われていきました。

◆デジタルサービスと開発競争の遅れ

日本のデジタル機器やデジタルサービスも国際競争力を失いました。デジタル機器は，海外メーカーのSamsungやLG，DJI，iRobotなどが勃興し，HUAWEIやFoxconn（鴻海）のようなODM/EMSも成長しています。世界のデジタルサービスを牽引するGAFAMのようなユニコーンも日本で誕生していません。

海外企業にデジタルサービスのシェアを奪われた結果，「デジタル製品に必要となる先端半導体の国内設計体制を整えられず，現状，先端半導体は海外からの輸入に依存している状況」（経済産業省，2021）が生まれています。

◆反転攻勢の始まり

日本の半導体産業の冬の時代は30年以上続きましたが，2021年の『半導体・デジタル産業戦略』策定以降，反転攻勢が始まりました。日米半導体協定の呪縛は解かれ，先端ロジックではRapidusとIBMの日米連携で巻き返しが図られています。総合電機メーカーの半導体事業部門は分社化され，半導体専業メーカーとして自立した事業運営に転換しました。諸外国政府の大規模な補助金・減税による不平等な競争環境に対抗して，日本も国策として政策資金を投入するようになり，その格差は解消しつつあります。

2　シリコンアイランド九州のエコシステム

（1）　シリコンアイランド九州の実力

◆国内シェア5割を超える基幹産業

九州経済産業局によると，2023年の集積回路（IC: Integrated Circuit）の生産額は1兆1,534億円，半導体製造装置は4,294億円でした（図表6-1）。全国

第6章　新生・シリコンアイランド九州のデザイン　111

図表6-1 ┃ 九州の半導体・半導体製造装置生産額の推移

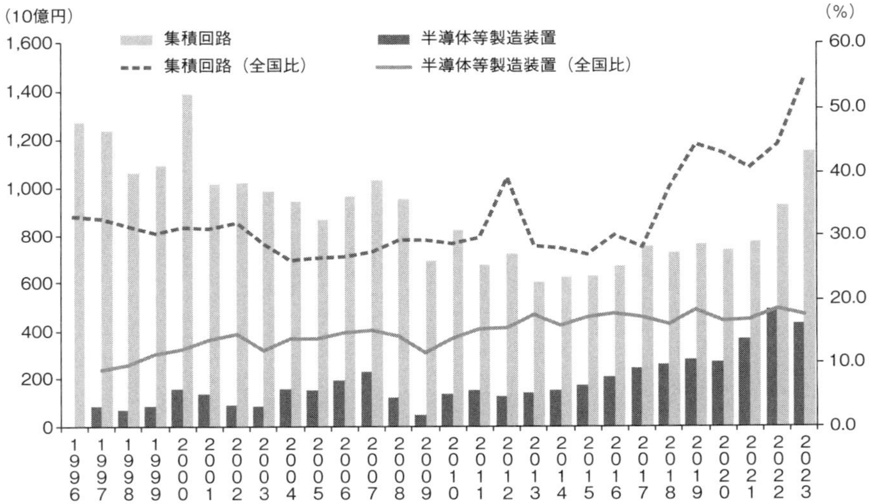

（10億円）
集積回路
集積回路（全国比）
半導体等製造装置
半導体等製造装置（全国比）
（%）

出所：九州経済産業局

比は，それぞれ54.7％と17.7％に達しています。九州の集積回路生産額のピークは，ITバブル期の2000年に記録した1兆3,924億円でした。おそらく，2025年には2000年のピークを上回ると思われます。半導体製造装置は，2009年のリーマンショックをボトムとして増加傾向で，過去最高水準です。

集積回路生産額の対全国比50％超えは，1967年の三菱電機の熊本工場成立以来，九州の半導体産業の歴史上で初めてのことです。シリコンアイランド九州は，日本の半導体製造の最重要拠点となっています。

◆求められる成長スピードの加速

国内シェアは高まっているものの，九州の世界シェアは1980年代の10％から，現在は1～2％程度にまで低下しています。一方で，1980年代に世界の1％程度であった台湾の半導体産業は，生産額が九州の20倍以上の約20兆円となり，世界シェアは20％を超えています。シリコンアイランドは，九州ではなく，台湾となってしまいました。国内シェア5割を喜ぶのではなく，世界の半導体産業の成長率を上回る成長が求められています。

112　第２部　地域創生のケース

（2）　進化の系譜とエコシステムのカタチ

◆グローバルなエコシステム

　九州半導体クラスターの強みは，幅広い関連産業の集積，および相互取引を通じたローカルサプライチェーンを形成しつつ，同時に世界市場とつながるグローバルサプライチェーンを有している点にあります。

　2023年の半導体等電子部品の輸出額は，過去最高の１兆4,512億円で全国の26.4％，半導体製造装置の輸出額も3,326億円で全国の9.4％となっています。半導体等電子部品は，スマートフォンの組立拠点であるベトナムや韓国への輸出が増えています。半導体製造装置については，フレーター（貨物専用機）輸送の拠点である成田空港や関西空港への転送も多いですが，山口県の下関港や博多港，門司港などからフェリーやRORO船によって，近隣の韓国や中国に輸出されています。全国の半導体製造装置の２割以上がこの３港から輸出されるようになってきましたが，これらに加えて，北九州空港でもフレーターによる大型の国際貨物輸送力の増強に力を入れており，物流施設（保税上屋等）の増強と滑走路延長（2027年８月までに3,000mに延長）にも取り組んでいます。

　2023年，日本は22兆円の貿易赤字ですが，九州は３兆4,241億円の貿易黒字となっており，半導体と自動車の輸出が貿易黒字を支えています。

◆すそ野の広いエコシステム

　九州は，1967年に三菱電機の半導体工場が立地してから半世紀を超える歴史の積み重ねのなかで，設計（ファブレス，デザインハウス），デバイス製造（前工程・後工程・テスト），装置，部品，材料といった幅広いサプライチェーンを内包したエコシステムを形成するに至っています。

　九州半導体・エレクトロニクスイノベーション協議会（2022）によると，九州には1,000を超える事業所や大学，産業支援機関が立地しています。1980年代のテクノポリス政策や2000年代の産業クラスター政策および文科省の知的クラスター創成事業などを契機として，企業誘致と企業間取引の拡大，産学官連携による研究開発や技術開発の強化，事業化や投資の促進など，継続的なアップデートにチャレンジしてきました（**図表６−２**）。

第6章　新生・シリコンアイランド九州のデザイン　113

図表6-2　シリコンアイランド九州のエコシステム

出所：九州半導体・エレクトロニクスイノベーション協議会（2022）「九州半導体関連企業サプライチェーンマップ」などより筆者作成

　半導体ユーザーであるロボットや自動車などの幅広いアプリケーションサイドのデジタル産業と相互につながる産業集積も形成されつつあります。

◆進化の系譜

　九州の半導体産業は，1960年代末の大手デバイスメーカーの進出にともなって，地場企業が後工程へ参入するところから始まります。大手企業との人材交流や技術供与などから，地場企業が育ちました。1985年までの成長期には，系列での垂直統合によって生産力が高まるとともに，数多くの地場企業が装置や部材の周辺産業に参入し，産業のすそ野が広がりました。

　1985年以降は，日米半導体協定と円高に伴う海外展開で国際競争が激化しました。生産技術を中心としたR&Dの強化によってマザー工場としてのポジションを得ることで生き残りました。1990年代後半から2000年代にかけては，大手デバイスメーカーの事業再編が加速するなかで，地場企業の自立経営とグロー

114 第2部 地域創生のケース

バルビジネスが進みます。

◆選択と集中による事業領域の明確化

1980年代の成長期，九州はDRAMなどのメモリーを主力とし，マイコンやシステムLSI（ASICなど）に展開していました。しかし，国際競争と大手デバイスメーカーの事業再編のなかで，メモリー生産はほぼ消滅しました。それに代わって存在感を示しているのが，イメージセンサーとパワーデバイス，車載用マイコン，MEMSなどのセンサーデバイスです。具体的には，ソニーがイメージセンサー，三菱電機やロームがパワーデバイス，ルネサスエレクトロニクスが車載デバイス，ラピスセミコンダクタがセンサーを生産しています。ソニーのイメージセンサーは世界シェア5割ですが，そのほとんどが九州で生産され，世界中のデジタル企業へ供給されています。アナログやパワー系の特徴的なファンダリサービスや，高い信頼性が求められる自動車用半導体も，九州の重要なビジネスターゲットです。

時代とともに大手デバイスメーカーが生産品目を柔軟に変化させ，それぞれ特徴的な成長市場をターゲットとするように進化しています。

◆地場企業の自立とアップグレーディング

九州の半導体クラスターのもう一つの特徴は，地場企業のアップグレーディングにあります。自社の研究開発力や事業構築力を高め，アンカー企業に依存した単線的な下請け経営から脱却し，複数の事業領域を持ったポートフォリオ経営を進めている中堅企業が多数生まれている点が強みです。

後工程については，次世代化合物半導体やFOWLPといった先端パッケージなど，独自の事業展開に成功した地場企業が競争力を高めています。またOSAT世界2位のアムコーのように，大手デバイスメーカーの後工程部門の大同合併によって競争力を高めた後工程拠点も存在しています。地場の装置メーカーについても，部品製造からユニット製造，製造組立受託などへの事業展開を果たし，自社装置の開発や外販も積極的に行われています。

第6章　新生・シリコンアイランド九州のデザイン　115

（3）　進む設備投資と研究開発機能の集積

◆九州各地に広がる大型投資

　JASMの立地（投資額：第一工場1兆2千億円，第二工場2兆円）やそれに伴う随伴立地に注目が集まっていますが，そのほかの設備投資も九州各地で活発化しています。

　九州経済調査協会（2024）は，2021年〜2030年にかけて，総額6兆円（72件）の半導体関連設備投資をとらえました。1,000億円を超える投資としては，ローム（福岡県：SiC次世代パワーデバイス），SUMCO（佐賀県：シリコンウエハ），ソニー（長崎県，熊本県：イメージセンサー），三菱電機（熊本県：パワーデバイス），ラピスセミコンダクタ（宮崎県：SiC次世代パワーデバイス）があります。直近では，OSAT世界1位のASEの北九州市への拠点新設の話も浮上しています。

　先述したように，九州の半導体関連産業の年間生産額の1兆5,000億円に対して，6兆円の投資額は破格といえます。

◆ソニー・JASM連合のイメージセンサー拠点化

　この数年来，九州で最も積極的な設備投資を続けているのは，ソニーセミコンダクタマニュファクチャリング（SCK）です。同社は，スマートフォン向けCMOSイメージセンサーの増産に向けて，2021年から2023年の投資を9,000億円に上方修正し，熊本TEC（菊陽町）と長崎TEC（諫早市）の設備を増強しました。さらに2024年4月に8,000億円の追加投資で熊本県合志市に新工場を着工しています。2021年の世界シェア約4割から2025年に6割まで拡大することを目指しており，九州に投資を集中させています。

　ちなみに，JASMではイメージセンサーの裏面にwafer to waferで積層するロジックの生産が予定されており，ソニーとJASMの連携で世界シェアの拡大を目指しています。ソニーの半導体設計を担うソニーセミコンダクタソリューションズ（SSS）は，福岡に設計拠点を設けており，1,000人を超える設計エンジニアを配置するなど，頭脳の集積も進みつつあります。

116　第2部　地域創生のケース

◆進む次世代パワーデバイスの拠点化

　パワーデバイスに関しても，ローム・アポロが次世代SiC（シリコンカーバイド）の研究開発機能を併設した量産拠点を筑後市に新設し，三菱電機でも福岡市の生産拠点に開発試作棟を新設するなど，積極的な投資がみられます。さらに，ロームグループのラピスセミコンダクタは，宮崎県の旧ソーラーフロンティア国富工場（太陽光パネル工場）を取得して，SiCパワーデバイスの新工場の立ち上げも進めています。同社では，SiCパワーデバイス事業に対して2021年～2027年までに5,100億円を投資し，生産額を2030年までに2021年比で35倍まで増強することを目指しています。建屋や技術人材，取引企業という地域資源の存在が，事業の垂直立ち上げに効果的なことから，新工場の宮崎県への立地が決まりました。ちなみに，JASMの立ち上げにもソニーのエンジニアが300名規模で関わっており，技術人材の存在は産業立地の大きなマグネット（重要な地域資源）になってきています。

◆関連産業の拠点化

　シリコンウエハメーカーのSUMCOは，佐賀県で4,000億円を超える大型投資に踏み切っています。さらに，TOTO（中津市）や京セラ（諫早市，霧島市，薩摩川内市）なども，半導体製造装置向けセラミック部品や半導体パッケージ部品，積層セラミックコンデンサ（MLCC）などで100億円規模の投資を進めています。

　封止材料で世界トップメーカーの住友ベークライトは，福岡県直方市の工場に併設する形で情報通信材料研究所を整備しました。製造装置の一つであるコータデベロッパで世界トップの東京エレクトロンは，熊本県合志市の工場内に300億円を投じて研究開発棟を新設しています。いずれも生産と開発とのリードタイムの短縮化およびシナジー効果を狙ったもので，頭脳を有するエコシステムへと進化しています。

（4）　大型投資の経済波及効果

◆20兆円超の投資の経済効果

　九州経済調査協会（2024）は，2010年～2030年の10年間の九州地域（九州7

県に沖縄県と山口県を含む）における投資総額は 6 兆810億円，生産活動は 7 兆5,880億円で，最終需要の合計は13兆6,690億円と算出しています[1]。経済波及効果（生産誘発額）は20兆770億円で，GRP影響額（粗付加価値誘発額）は，9 兆3,650億円です。このGRP影響額を10年で案分すると，年平均で9,365億円となります。九州のGRPは約50兆円ですので，毎年1.8％程度の押上効果が見込めます。

◆ 経済波及効果の広がり

経済波及効果は，熊本県が10兆536億円で 5 割程度を占めます。長崎県や福岡県でも 2 兆円超，佐賀県や宮崎県は 1 兆円超が見込まれています。

産業部門別の経済波及効果では，電気機械や一般機械，非鉄金属，窯業・土石製品，化学製品などの半導体関連が10兆879億円で 5 割を占めますが，その他の産業への波及効果も大きくなっています。波及効果がとくに大きな産業は，サービス業 2 兆7,750億円，建設業 2 兆150億円です。次いで商業7,370億円，電気・ガス・水道4,880億円，運輸3,550億円，金融1,360億円，不動産1,150億円が続き，幅広い産業への波及効果が期待されています。多様な業種での賃金上昇もみられます。TSMC関連の食堂のアルバイトは時給2,000円超，資材管理のアルバイトの時給は1,900円になっています。

◆ 進む総合的な地域開発

JASMが立地した菊陽町や近隣の大津町や合志市では，住宅や商業施設の開発も進み，交通渋滞緩和のための道路整備も急ピッチで進められています。

菊陽町では，セミコン通勤バスを朝夕40便程度運行するなど，通勤の足を確保しています。さらに，新駅の設置やスポーツ公園整備，約70haの土地区画整理事業に着手しています。TSMCの後工程を担う世界最大のOSATであるASEの進出が表明された北九州市でも「シリコン・シティ」を目指す総合的な地域開発の動きが進んでいます。ASEは，北九州学術研究都市の産業用地16haの取得を検討していますが，同社はさらなる増強を構想しています。このため，北九州市は隣接する第 3 期予定区域68haの開発を急いでいます。しかし，開発主体や手法も未定で，地権者も多く，市街化調整区域であることか

ら，企業の投資のタイミングに間に合わせることができるかが大きな課題になっています。事業スピードにマッチした産業用地開発が求められています。

3　再始動する地域産業政策

(1)　TSMC立地を契機とした地域産業政策

◆多様なスキームでの展開

　九州における半導体産業振興の中核組織「九州半導体人材育成等コンソーシアム」は，九州経済産業局と九州半導体・エレクトロニクスイノベーション協議会（SIIQ）が主導して，2022年3月に全国に先駆けて設立されました（図表6-3）。約100団体に及ぶ半導体関連企業や産業支援組織，大学・高専，工業高校，各県の関連部局等が参画し，オール九州での半導体産業振興を推進しています。重点戦略は，①半導体人材の育成と確保，②企業間取引・サプライチェーン強靭化，③海外との産業交流促進の3つです。

　2024年1月に，福岡銀行と肥後銀行が発起人となり，九州・沖縄の第一地銀

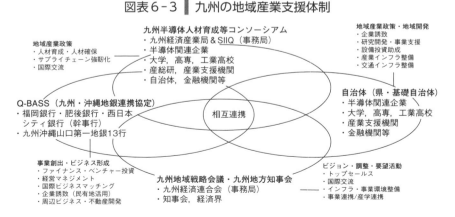

図表6-3　九州の地域産業支援体制

出所：各種資料等より筆者作成

11行で「『新生・シリコンアイランド九州』の実現に向けた九州・沖縄地銀連携協定」を結びました。その後に山口と北九州の第一地銀も加わった13行連携でQ-BASS（キューベース）として活動を強化し，ファイナンス（サプライチェーン構築，共同での投融資やファンド組成），経営マネジメント（サステナブル経営，M＆A，インキュベーション），国際ビジネスマッチング・企業誘致などに取り組んでおり，今後は街づくりへの貢献（民間ベースのインフラ・不動産開発・サイエンスパーク構想への参画）も視野に入れています。もちろん県や自治体でも企業誘致やインフラ整備などに取り組んでおり，これら各機関の自律的な施策と相互連携のしくみが，「層の厚さ」という九州の地域産業政策の特徴になっています。

◆ **重層的な半導体人材育成プログラム**

　半導体関連の人材不足は九州半導体産業の発展にとって最重要かつ深刻な課題です。「九州半導体人材育成等コンソーシアム」が実施した調査（2022年度）によると，2023年から向こう10年間にわたり毎年3,200〜3,400名程度の新規採用が予定されるなかで，毎年1,000名程度が不足すると試算されています。九州では，小中学校のSTEAM教育から，工業高校，高専，大学，産業支援機関（リスキリング含む）などの各教育課程でカリキュラムの拡充がなされるとともに，教育機関と半導体関連企業が連携を深め，寄付講座，講師派遣，ワークショップ，インターンシップなどが実施されています。

　例えば，2022年4月に，佐世保高専では「半導体工学概論」や「半導体デバイス工学」という講座が新設されました。SIIQなどの民間からも講師が派遣され，コンソーシアムとの連携も生かされています。オンデマンドや教職員研修を組み合わせ，全国の高専へも展開しています。九州工業大学マイクロ化総合技術センターでは，4インチのIC製造ラインを再整備し，ICを自ら試作する人材育成カリキュラムを構築しています。全国の企業や高専などから，年間700名以上（2023年度，オンライン参加者を含む）の多くの研修生を受け入れています。さらに，九州大学では，2023年8月に「価値創造型半導体人材育成センター」を設立し，半導体ユーザーとして価値を生み出せる人材や，ICの設計・製造を担う半導体スペシャリストの育成が始まりました。また，同月に

は福岡県産業・科学技術振興財団（ふくおかIST）が「システム開発技術カレッジ」を改組して，「福岡半導体リスキリングセンター」を開設しました。半導体設計に加えて，ブロックチェーン，AI/機械学習，画像認識，言語処理，データサイエンスなど，デジタルサービスに関するカリキュラムを増強しており，オンラインで全国からの利用が進んでいます。なお，福岡県内の中小企業の受講は県費で全額補助するしくみとなっており，中小企業政策として機能しています。最後に，熊本大学は，半世紀ぶりに学部の新設に踏み切りました。2024年度から情報融合学環と工学部半導体デバイス工学課程の２つの半導体専門学部を新設し，ソニーとカリキュラムや共同研究での関係を深め，半導体についての実践的教育を進めています。

（2）　次世代技術開発に向けた地域産業政策の動き

◆デジタル産業創出に向けた技術開発支援

　福岡県では，2022年２月に「グリーンデバイス開発・生産拠点協議会」を立ち上げ，パワーデバイスや各種デバイスの低消費電力化に対する研究開発支援と，関連する新たな設備投資や企業立地に対する助成を始めています。さらに，産業技術総合研究所（産総研）と東京大学大規模集積システム設計教育研究センター（VDEC）が進めるAIチップ設計拠点（AIDC）と連携し，AIチップ開発を支援しています。あわせてオープンEDAの研究会も立ち上げ，半導体設計の民主化による産業創出支援も進めています。AIST Solutions（AISol）のOpenSUSI（オープンスシ）や，産総研九州センターのセンシングデバイス開発やミニマルファブ試作ラボなどとの連携も期待されています。

◆２つの３D化に向けた技術開発支援

　More Than Mooreとして注目される後工程（パッケージ）の３D化，いわゆる３DIC（三次元積層IC）の技術開発に関して，ふくおかISTの三次元半導体研究センターが全国の注目を集めています。同センターは，半導体チップの三次元積層に必要な研究開発，試作・評価施設として，2011年に整備されました。全国70以上の企業や大学・研究機関が利用し，次世代３DICの重要な研究開発拠点となっています。高密度実装技術に関する国際標準の獲得にも注力し

ており，これにより材料・装置・ツールなどの高度なすり合わせで実現した技術のビジネス展開で競争力を高めています。

　熊本県でも，内閣府「地方大学・地域産業創生交付金」を活用して，2023年度から10年間にわたる三次元積層実装技術の研究開発プロジェクトを始めました。熊本大学と地域企業によって，三次元積層プロセス，三次元積層設計などの産学連携研究開発プロジェクトが始動しており，将来的には熊本県をミドルエンド工程（先端パッケージング工程）の新産業拠点として育成していく方針です。

　さらに，2024年7月には，九州大学発ベンチャーとしてEUVフォトンが設立されました。EUV（極端紫外線）は，More Mooreに不可欠な先端半導体の露光技術として活用されています。材料メーカーの新素材開発（フォトレジストやペリクルなど）の加速を支援する前工程の3D化に資する評価解析ビジネスを担おうとしています。

　九州では前工程の3D化と後工程の3D化の両方の材料開発やプロセス開発に資する研究開発支援体制が構築されています。

4　シリコンアイランド九州の新しいデザイン

（1）　新しいエコシステムのビジョン

　九州半導体人材育成等コンソーシアムは，2022年5月に九州が目指す3つの姿を定めました。①だれもが「半導体は社会基盤の主人公である」とその価値を理解している九州，②だれもが「半導体を学ぶ楽しさ」に共感している九州，③半導体産業で働くことに「誇り」と「生き甲斐」を実感する九州です。さらに，経済団体トップと九州地方知事会で組織する九州地域戦略会議でも，2024年6月の会合で，ビジョン「新生・シリコンアイランド九州2040」が示されました。イノベーション・マルチハブをキーワードとして，ビジネスエコシステム，生産と応用，人材輩出に関する72項目にも及ぶ課題が整理されています。

（2）　新産業形成に向けた地域産業政策

　九州では，これまでの産業集積とポテンシャルを活かし，「未来に向けた新産業創出」を強く意識した地域産業政策を展開する段階に入りました。

　とくに，世界最大のピュアファンダリTSMCの立地を奇貨としなければなりません。世界最高の技術力を梃子とした「What to Make（デジタルサービスや設計での協業）」と「How to Make（製造技術や材料技術での協業）」の2つの視点が必要です。

　政府が九州に求める「産業用先端半導体の拠点」としての位置づけを確固たるものにするためにも，「ラピッドプロトタイプ拠点化（半導体ユーザーとなるデジタル産業とデバイス設計産業の形成を図ること）」と「ミドルエンド工程拠点化（先端パッケージに係る新産業を創出し，設計産業と後工程デバイス産業，製造装置・材料産業の振興を図ること）」を図る必要があります。

（3）　グリーンシリコンアイランズをテーマに

　新産業創出は，地域のローカルクラスターだけでは困難です。半導体のユーザーであるデジタル企業とのつながりは不可欠ですし，先端製造技術を有する台湾などとの連携も不可欠です。世界から注目され，事業展開や企業立地で選ばれる地域となり，グローバルクラスターを形成していく必要があります。そのための九州の旗印として，「グリーンシリコンアイランズ」を掲げたいと考えます。グリーンには，カーボンニュートラル，クリーン，安心・安全，高質，誠実の5つの意味が込められています。複数形のアイランズは，半導体製造の先進地である台湾との深い連携の構築を指しています。

　グリーンの目指すべき領域は，

- ・グリーンデバイス（ラピッドプロトタイプ拠点化・ミドルエンド工程拠点化の領域）：高速処理・低消費電力デバイス，先端パッケージ，次世代パワー，セキュリティチップ
- ・グリーンファブ：カーボンニュートラル，エネルギーマネジメント，スマートファクトリー，高生産性・高歩留まり，ESG対応，静脈環境
- ・グリーンリソース：カーボンフリーエネルギー，水資源（水源涵養），Jク

レジット（地域排出権取引）

・グリーンサプライチェーン：サプライチェーンセキュリティ，トレーサビリティ対応，知財戦略

・グリーンインフラ：投資環境（スタートアップ・ベンチャー・ESG投資），半導体専門人材育成環境，リスキリング環境，国際ビジネス環境，立地環境，交通環境，生活環境（教育・医療・不動産・治安・文化・観光）

などです。

　グリーンデバイスは，半導体産業に直接関連する領域ですが，それ以外の4つの領域は，半導体産業を支える幅広い産業分野や事業領域，地域づくり領域にまたがっています。九州の半導体クラスターの持続性には，これまで重視されてきた土地・水・労働力といった地域固有の生産要素的な魅力だけではなく，世界の半導体企業や業界関係者にとっても魅力的な生産・研究環境を構築しなければなりません。そのためには，工業用地・工業用水の確保，人材供給や交通の整備にとどまらず，産学官金の垣根を越えた総合的なグレードアップへのさらなる挑戦が求められているのです。

注

1　2024年12月末に再推計値を発表。投資総額は，6兆1,820億円，経済波及効果は23兆300億円，粗付加価値誘発額は11兆2,880億円に拡大。

参考文献

岡野秀之（2023）「シリコンアイランドの進化の系譜とイノベーション」『産業学会研究年報』第38号，pp.13-31.

九州オープンイノベーションセンター（2023）『特定半導体の安定供給体制の構築・維持に必要な人材の育成及び確保並びにサプライチェーンの強靭化に関する調査』新エネルギー・産業技術総合開発機構。

九州経済調査協会（2024）『シン・シリコンアイランド九州の未来』九州経済調査協会。

九州経済連合会/九州地域戦略会議（2024）『新生シリコンアイランド九州グランドデザイン』九州経済連合会。

九州半導体人材育成等コンソーシアム（2022）『シリコンアイランド九州の復活に向けて−2030年の日本社会を支える九州であり続けるために』九州半導体人材育成等コンソーシアム。

九州半導体・エレクトロニクスイノベーション協議会（2022）『九州半導体関連企業サプライチェーンマップ』九州半導体・エレクトロニクスイノベーション協議会。

124　第2部　地域創生のケース

経済産業省（2021）『半導体・デジタル産業戦略』。

経済産業省（2023）『半導体・デジタル産業戦略（改定）』。

友景肇監修，ふくおかフィナンシャルグループ・九州経済調査協会編（2009）『シリコンアイランド九州の革新者たち』西日本新聞社。

山﨑朗編著，九州経済調査協会・国際東アジア研究センター編（2008）『半導体クラスターのイノベーション－日中韓台の競争と連携』中央経済社。

第**7**章　北海道の新しい地域創生

この章の概要

　開拓使設置を起点とすれば，北海道産業の歴史は，わずか150年にすぎません。その間，鉄道や高速道路，空港や港湾など北海道の社会資本整備が行われてきました。新幹線と高速道路の延伸は続いていますが，今後の北海道はインフラ整備による発展から，インフラを活用した発展へ転換すべき時代になりました。

　とくに，デジタル化の進展によって，インフラというハードと教育，環境，医療，ハイテク，観光といったソフトを掛け合わせた戦略が求められています。北海道は，再生可能エネルギーを活用したデータセンターの誘致，ラピダスの立地によるデジタル人材の育成，デジタル時代の中長期滞在者への対応など，時代・技術・産業の変化に対応した地域創生への昇華が必要です。

　デジタルやハイテクだけでなく，気候，風土，文化などこれまで付加価値化されてこなかった北海道の地域資源のポテンシャルの解放・発現といえる「無料・無用・不要の付加価値化」も重要です。

1　衰退する北海道

（1）　産業の衰退

◆都市銀行と自治体の破綻

　北海道は，石炭産業の事実上の消滅，米価の低迷，輸入材の増加，遠洋漁業の衰退，総合保養地域整備法（リゾート法）に基づくリゾート開発の失敗などに翻弄されてきました。

　1997年には戦後初めて都市銀行である「北海道拓殖銀行」が巨額の不良債権を抱えて経営破綻しました。さらに，炭鉱業から観光業への産業転換に失敗し

た夕張市は，2007年に日本で唯一「財政再生団体」に指定されました。1891年に307人であった夕張市の人口は，炭鉱開発とともに増加し，1960年には11万7千人のピークに達しますが，2024年には，6,224人まで減少しました。

◆消滅可能性自治体117の衝撃

　日本創成会議座長を務める増田寛也は『地方消滅』[1]のなかで，北海道147（札幌市の区も含む）の自治体は，2050年までに消滅可能性があると警鐘を鳴らしました。2024年に「人口戦略会議」は，新しい人口推計をもとに，北海道の消滅可能性自治体は117と発表しました。

　対象自治体数は30減少しました。その要因として，「全国的に外国人住民が増えたこと」[1]を挙げていますが，日本人女性の出生率の将来推計は低下しており，根本的な状況改善には到達していないと指摘しています。

　いずれにしろ，道内の6割超の自治体が消滅可能性自治体であり，将来的な北海道の衰退を予言する証左にほかなりません。

◆福岡県に抜かれた人口

　北海道の人口は，総務省統計局人口推計（2023年10月）では509万人で，510万人の福岡県に抜かれました。北海道は，1992年に千葉県に追い抜かれ7位，2007年には兵庫県に抜かれ8位に，そして今回9位へと下落しています。

　人口で福岡県に抜かれた最大の要因は，自然減の差にあります。北海道の出

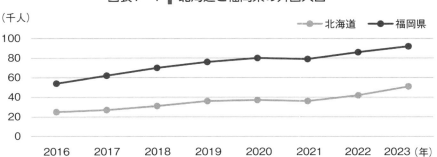

図表7-1 北海道と福岡県の外国人口

出所：人口統計より筆者作成

生率は東京都の0.99に次いで低く，1.06（2023年）です。福岡県は1.26です。人口減少が著しい北海道は，「未来日本の縮図」[1]です。他方，社会増減の観点からは，2年連続の社会増を記録しています。それは，人口戦略会議でも指摘された，外国人住民の居住者の増加にあります。2023年末の在留外国人数増加率は，北海道が第1位でした。（図表7－1）。

（2）　モビリティの衰退

◆「量」から「質」へ転換する鉄道

　北海道の鉄道網は，石炭輸送や木材・農作物などの重量物の輸送手段として約4,000kmまで拡大します。しかし，炭鉱閉山や木材輸送量の減少に加え，近年は人口減少の影響もあり，赤字路線が急増しました。1980年の国鉄再建法成立によって，600km以上が廃止され，バス転換されました。

　北海道の鉄道は，輸送量を重視したため，運航速度は二の次でした。ところが，国鉄民営化によって誕生したJR北海道は，旅客輸送への変化を求められ「速達性」を追求していきます。かつて札幌から旭川，稚内，函館，帯広，釧路間の主要都市を結ぶ特急列車は「スーパー」を冠していました。

◆速達性追求の見直し

　2011年以降，保線検査結果の改ざんや補修放置の常態化に起因する事故が相次ぎました。赤字路線の保線作業が後回しになった反省から，線路に負担を要する「速達性」の追求という戦略を見直さざるをえなくなりました。

　JR東日本では，次世代新幹線「アルファエックス」の開発や，JR東海においても，リニア新幹線の建設を推進しています。速達性の追求は，時間短縮というモビリティ水準の引き上げにほかなりません。

　JR北海道は，整備中の北海道新幹線を除き，速達性を実現できないため，今後も高速道路による自動車輸送との競争に敗れる可能性が高くなっています。

◆延伸する高速道路

　「2023北海道の交通の現況」によると，北海道の高速道路（自動車専用道路含む）の総延長距離は1,089kmです。2024年度に釧路市まで高速道路が接続さ

128　第2部　地域創生のケース

れ，主要都市（札幌，旭川，帯広，函館）周辺まで高速道路でつながりました。

　高速道路の整備は，人口や本支店機能が一極集中している札幌から都市間バスでの「速達性」が改善されます。鉄道と高速バスには所要時間にほとんど差がありませんが，高速バスには運賃と便数の優位性があるため，JR北海道の旅客はさらに高速バスに奪われるでしょう。高速道路の延伸は，鉄道のさらなる縮小と表裏一体の関係にあります。

◆公共交通の崩壊

　国鉄民有化後の不採算路線の多くは，バス転換されました。しかしながら，少子高齢化による利用者減少に加えて「物流2024年問題」で輸送の担い手確保が困難となり，鉄道から転換されたバスも廃止される事態が生じています。

　札幌市内を運行する路線バスでさえも運転手確保に苦慮し，減便に転じました。北海道では全国に先駆けて「公共交通崩壊」が始まっています。

（3）　幸福度ランキング

◆雇用面の脆弱さ

　日本総合研究所の「全47都道府県幸福度ランキング2022年度版」によると，1位福井県，2位石川県，3位東京都，4位富山県で，北海道は42位でした。2020年度版の36位から下落しています。

　北海道の順位が低い要因は「仕事」，「生活」，「教育」に関わる指標にあります。正規雇用者比率42位，製造業労働生産性37位，若者完全失業率33位です。「生活」では，生活保護受給率46位，持ち家比率43位で，「教育」では，不登校児童生徒率46位，学力39位です。

　政令指定都市の総合ランキングでは，札幌市は19位です。ちなみに，1位浜松市，15位福岡市，最下位の20位は堺市でした。

　札幌市ではやはり高齢者有業率20位，製造業労働生産性20位，外国人住民数20位，若者完全失業率19位，正規雇用者比率16位など，「雇用分野」の低さ（20位）が際立っています。

　「国際分野」19位も低調です。札幌市の外国人住民数は，人口千人あたり7.1人と政令指定都市で最も少なくなっています。「学校分野」も16位，不登校児

第7章　北海道の新しい地域創生　129

童生徒率は2.57%と大阪市に次いで高く19位です。大学進学率も15位（59.9%）にとどまっています。

◆充実するインフラ

他方，道路整備率１位，体育・スポーツ施設数３位，一般廃棄物リサイクル率４位，都市公園面積５位とハード面のランキングは高くなっています。

北海道は，インフラ整備と対比して，「健康」「文化」「仕事」「生活」「教育」といったソフト面の「質」の向上が遅れています。これらの地域ポテンシャルの解放は，新しい地域創生の視点になりえます。

2　北海道のポテンシャル

（１）　再生可能エネルギーの可能性

◆太陽光発電と風力発電

北海道経済部「道内における新エネルギー導入の状況」によると，太陽光発電，風力発電，中小水力発電の導入ポテンシャルは，全国１位です。

道南の八雲町の牧草地跡約132haの土地に国内最大の蓄電池併設メガソーラー「ソフトバンク八雲ソーラーパーク」が設置されているほか，道北の稚内市に「稚内メガソーラー発電所」，道東の釧路市にも「釧路音別太陽光発電所」が立地しています。

北海道では，太陽光発電の導入が先行していますが，同報告書は，今後風力発電の導入拡大が期待されると指摘しています。

風力発電国内最大手の「ユーラスエナジーホールディングス」は，宗谷・留萌地域に出力ベースで，原発1.6基分に相当する国内最大級の風力発電施設の建設を検討中です[2]。2024年には，北海道で初めて「世界洋上風力サミット」が開催されました。北海道の複数の海域は洋上風力発電の「有望区域」です[3]。

130　第2部　地域創生のケース

◆バイオガス

　十勝地域では，大規模酪農・畜産業の集積を生かし，バイオガス活用に取り組み始めています。上士幌町では，町内6か所で7基のバイオガスプラントを稼働させています。バイオガスプラントは，家畜糞尿を発酵させ，その発生ガスを電気と熱に変換し，発酵後の発酵残渣は牛舎の敷料や畑の液肥として，農家へ循環する仕組みです。上士幌町は，2022年に第1回脱炭素先行地域（79件の申請に対して26件を採択）に選定されました。

　また，大樹町で新型ロケットの開発を行うベンチャー企業は，ロケット燃料として家畜糞尿を利用した「バイオ燃料」の開発に着手し，地域内での資源循環を目指しています。

　農業で生じる不要・無用とされてきた廃物の資源化は，規模は小さいものの，日本の貿易赤字や二酸化炭素排出量の削減，付加価値の創出にも貢献します。

◆データセンターの集積

　デジタル化の進展により，あらゆる分野でデータを活用したビジネスが拡大しています。そのなかで重要な役割を果たすのが，データを処理・保存するデータセンターです。

　国内のデータセンターの60.8％[4]は，関東に設置されています。政府は，災害やテロのリスクといった経済安全保障や東京一極集中の是正の観点からデータセンターの地方分散に乗り出しました。

　北海道では，冷涼な気候による空調電力の削減や安価な土地の提供ができることで，43か所のデータセンターが立地しています。また，2026年末には，日本と北欧を結ぶ海底光通信ケーブルの陸揚げ局の候補地として苫小牧市が挙がっています。通信時間の30％程度の短縮が見込めるため，苫小牧市周辺はデータセンターの集積地となる可能性があります。

◆再生エネルギーとデータセンター

　電力といっても石炭・石油火力発電による電力では，データセンター用電力としては，環境負荷やESG投資の潮流に逆行しますので，事業者の理解が得られにくくなっています。

第7章 北海道の新しい地域創生　131

　さらに，関東から北海道にデータセンターを分散させても，苫小牧一極集中では，経済安全保障の視点からは問題が残ります。メガソーラーや風力発電を有する稚内，釧路，函館など，再生可能エネルギーのポテンシャルを有するエリアへ分散誘致する戦略が必要です。

（2）　林業と農業

◆製紙工場から製材工場へ

　北海道の面積は，83,424㎢で，都道府県のなかで最大です。日本国土の22％を占めています。また，70.6％は森林で，森林面積も全国の22％を占有しています。森林資源が豊富な北海道は，温室効果ガスの排出削減量や吸収量をクレジットとして国が認証する制度J‐クレジットの創出地としても注目が集まります。

　日本全体の木材自給率は，2002年に18.8％とボトムを記録したものの，2022年は40.7％と回復傾向にあります。その背景には，円安による国産木材の代替，ウッドショックによる価格高騰，木質バイオマス発電所の利用増加があります。「令和5年度森林及び林業の動向」によると，原材料として国産材を主に用いる年間原木消費量10万㎥を超える製材・合板等の工場が増加しています。

　北海道においても，日本製紙釧路工場跡にサイプレス・スナダヤが道産材を原木とする10万㎥を超える製材工場の新設を計画しています。価格や強度の観点で，国内住宅用木構造材市場の大半は，外材製品が占有しています。しかし，産地での大量生産，コスト削減を実現できれば，道産材への転換も期待できます。製紙業の拠点であった釧路市の林業拠点への転換は，興味深いものがあります。

◆日本の食糧基地

　2024年「北海道統計書」によると，北海道の経営耕地総面積は1,028,421haで全国の32％を占めています。北海道の食糧自給率は，カロリーベースで223％（2021年度概算値）と全国1位，生産額では，宮崎県，鹿児島県，青森県に次いで4位です。日本の食糧基地と呼ばれる十勝管内の食糧自給率は，カロリーベースで1,345％（2024年）です。食糧安全保障の観点からも，北海道の重要

132 第2部 地域創生のケース

性が高くなっていますが，農業においても量から質への転換が求められていることがわかります。

かつては寒冷地である北海道では，米栽培は難しかったのですが，品種改良が重ねられ，北海道の気候に適した品種が開発されました。

米は，日本酒の原材料にもなります。北海道は，米の栽培が難しい地域であったがゆえに，酒蔵の数が少なくなっています。北海道の米作は，2023年には，作付面積・収穫量ともに全国2位です。米の一大産地になりました。

しかし，酒蔵の新規参入は進んでいません。日本酒免許取得には，需給調整要件があり，新たな製造免許の取得は難しい状況にあります。そのため，委託醸造や企業買収により免許を取得するほかありません。「輸出用清酒製造免許」は，輸出に限って新規免許発行を解禁しましたが，遅れて米作地帯となった北海道での酒蔵立地は，不利な状況にあります。北海道独自の個性的な酒造りのためにも，政府の規制緩和策が求められます。

◆産直港湾

農林水産省は「食料・農業・農村基本計画」において，農林水産物・食品の輸出額を2030年までに5兆円とする目標を設定しました。日本の食糧基地と言われる北海道のポテンシャルのさらなる活用なしには，実現困難です。

国土交通省は2025年3月「十勝港」を，農林水産物・食品の輸出を支援する「産直港湾」に認定したと発表しました。釧路市に新設される製材工場や酪農や畜産が盛んな十勝地域から大ロットかつ高品質な商品を効率的に輸出する必要性が顕在化してきた証左です。第4章にあるように，博多港は日本最大の畜産物輸出港となっており，南九州の畜産業の発展を支えています。鹿児島県の志布志港など，南九州4港の木材輸出額は，全国の55％を占めています（第8章）。

農林水産物・食品の多くは，トラック輸送で苫小牧港を経由し本州へ輸送されています。物流ネックは，地域ポテンシャルの解放を阻害します。農林水産物・食品の輸送基地として釧路港や十勝港の地域資源の活用を検討すべきです。

第7章 北海道の新しい地域創生 133

（3） アンバランスな評価

◆住みたい町・訪れたい町

　北海道は「住みたい」「訪れたい」を対象としたあらゆるランキングで上位を席巻しています。NTTデータ経営研究所の「住みたい＆観光で訪れたい地域についてのアンケート調査」（2018年12月：有効回答数1,096人）によると，「住みたい・住んでみたい地域」では，東京に次いで2位，市町村別では札幌市が1位です。「観光で訪れたい地域・スポット」では，北海道が1位，市区町村別では，札幌市が1位でベスト10のなかに，函館市，小樽市，旭川市，釧路市がランクインしています。さらに「居住地のある都道府県に将来にわたって住みたい割合」も北海道が1位でした。

◆ふるさと納税受入額

　総務省が発表した2023年度のふるさと納税寄付金額の第1位は，北海道で件数は9,738,882件，金額は1,654億円でした。2位の福岡県（約615億円/4,187千件）の約2.7倍の金額です。ちなみに，3位は宮崎県（約520億円/2,803千件）で，受入額最下位は奈良県（約36億円/163千件）です。

　市町村ベースでは，1位は宮崎県の都城市ですが，2位に紋別市，4位に白糠町，5位に別海町，6位に根室市で北海道の自治体がランクインしています。

◆国土の末端のポテンシャル

　北海道は，アンケートでは，住みたい，訪れたいと国内外の旅行者あるいは移住に興味がある人たちからきわめて高い評価を受けています。

　一方，すでに取り上げた幸福度ランキングからわかるように，雇用面での課題は山積みです。ですが，北海道への訪問・移住希望の高さと，札幌市の道路・体育スポーツ施設や都市公園の整備水準の高さは，ワーケーションや二拠点居住地として，高いポテンシャルを有しています。

　地方の政令指定都市で唯一人口増加を続けている福岡市は，国土の末端に位置しながらも，生活満足度，とくに国際性という点において，札幌市を上回っています。韓国，台湾，中国に近く，国際交流促進の恩恵を受けてきた福岡市

134　第2部　地域創生のケース

と異なり，北海道は，ロシアとの交流制約という条件があります。しかし，空港や港湾は十分整備されており，インバウンド，留学生，グローバルなワーケーション，リゾートワーク，二地域居住など，北海道のポテンシャルは，九州や福岡市よりも高いともいえます。

3　反転攻勢の兆しをみせる工業

（1）　工業団地と工業立地

◆新全総による工業化

炭鉱業の衰退は，北海道産業衰退の象徴です。北海道は，鉄鋼，造船，製紙以外の電子機器や自動車，機械産業の誘致が求められてきました。1969年の新全総において，大規模工業基地として苫東が位置づけられました。北海道開発局が大規模工業基地開発基本計画を策定し，1972年に苫小牧東部開発株式会社が設立されました。

しかし，1973年に第1次オイルショックが発生し，鉄鋼業や石油精製・石油化学工業は構造不況に陥り，工場立地は進展せず，1998年苫小牧東部開発株式会社は経営破綻します。債務整理をしたうえで株式会社苫東として再スタートを切ることになります。

◆全国1位となった工場立地面積

北海道では2023年の工場立地件数は34件（全国5位），立地面積は276ha（全国1位）でした（**図表7-2**）。地域別でみれば，道央圏24件，道東圏4件，道北圏6件，道南0件となっています。業種別では，食料品が8件で最も多く，飲料・たばこ・飼料，生産用機械，電気業がそれぞれ4件となっています。

北海道の工場立地選定理由は，「工業団地である」，「人材・労働力の確保」，「原材料等の入手の便」です。団地内立地の割合は65％と全国平均の35％を上回っています。北海道には62の工業団地があり，区画も広いため，大規模な工場が建設可能です。長年にわたって開発され，売れ残っている工場団地という

第7章 北海道の新しい地域創生 135

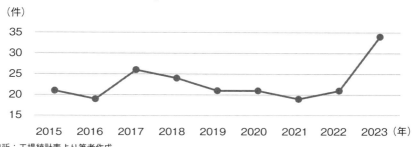

図表7-2 ｜ 北海道の工場立地件数の推移

出所：工場統計表より筆者作成

インフラは，別の見方をすれば，北海道での工場立地進展のポテンシャルです。

（2） 次世代半導体工場の進出

◆工場立地が加速し始めた苫東

　2022年以降，北海道の工場立地件数は，反転増加の兆しがあります。これは，次世代半導体製造を目指すラピダス（東京）の千歳市進出による半導体関連産業の需要増加を見越した設備投資が要因です。

　日本の半導体メーカーの製造能力の中心は，28ナノ程度ですが，ラピダスは2ナノという超微細加工技術の量産化を目指しています。台湾積体電路製造（TSMC）やサムスンですら，3ナノであり，2ナノ半導体は「次世代半導体」と呼ばれています。

　ラピダスは，千歳市の工業団地「美々ワールド」に進出します。千歳市は，24時間運用の新千歳空港をはじめ，国際コンテナ航路も就航している苫小牧港，翌日東京・大阪・名古屋へ輸送可能な鉄道網のほか，半導体製造に不可欠な水を立地要因として工場誘致に成功しました。

　千歳市では11の工業団地が造成されており，4団地は分譲済です。苫小牧には，前述の苫東の工業団地もあり，ラピダスの工場進出を契機として，千歳市および苫東工業団地エリアに半導体関連の産業集積形成が期待されます。

　苫東団地にもテクノフレックスが半導体関連工場を建設し，旺盛な電力需要を見越し，三井不動産が太陽光発電所（メガソーラー）の建設を計画するなど，分譲が停滞していた苫東工業団地にも工場建設の波が押し寄せ，苫東は2024年

136　第2部　地域創生のケース

3月期決算で売上高37億2,600万円，純利益6億9,200万円（前期比8.5％増）と
3年連続最高値を記録しています[5]。

◆反転攻勢

　苫東の業績好調の要因は，ラピダス進出による分譲件数の増加です。しかし，
苫東の工業用地約5,500haのうち分譲済は1,142ha[5]とわずか20.8％です。開発中
の次世代半導体の量産化の目途がつけば，分譲は加速する可能性があります。

　政府は，ラピダス研究開発支援としてすでに9,200億円の補助を決定していま
す。量産化までには，約5兆円の研究開発費が必要とされています。民間資
金を呼び込むため，ラピダスに対して，政府出資を検討中です。

　2ナノ半導体の先行的開発・生産に成功すれば，高い収益力が期待されるだ
けではなく，第6章で取り上げられている熊本県へのTSMC立地でみられたよ
うな，スタートアップ企業や高度な専門知識を有する外国人労働者の増加，ラ
ピダスや関連企業の従業員の移住が促進される起爆剤となりえます。道央圏の
人口増加，製造業労働生産性向上，外国人住民数の増加，若者完全失業率や正
規雇用者比率の改善の好循環を期待できます。実際に，北大・産総研の大熊
ダイヤモンドデバイスのような専門性の高いスタートアップ企業の設立の動き
もみられています。

　シリコンアイランド九州は，各県に半導体関連産業や支援機関，大学が分散
して立地しています（第6章）。北海道でも整備されてきた高速道路を活用し，
道央圏一極集中から道北，道南，道東へと研究開発機能や生産機能を地理的に
分散させ，工業化の果実を道内に幅広く波及させる政策（産学連携や地場企業
の事業転換促進など）の検討も必要です。

◆丘珠空港のポテンシャル

　地域創生には「ヒト」の移動が重要です。丘珠空港は，札幌都心部からバス
で30分ほどの場所にあります。1,500mの滑走路を有し，函館，釧路，名古屋
便などの航路を有しています。しかし，滑走路の短さや騒音問題から，A320
やB737の離発着は困難な状況です。現在は，鉄道でのアクセスはできません。

　LCCが多数保有する機材が離発着可能な2,000m級の滑走路を整備すれば，

冬季の運用，運賃低下や成田・羽田や遠隔地との路線開設も可能となります。道内の鉄道網は縮小していますが，14ある公共用飛行場を有する北海道の強みを生かして，帯広・旭川便などの開設による道内各都市へのアクセス時間の飛躍的短縮も重要です。札幌市へのアクセス時間短縮は，北海道の地方都市の生活・居住水準の向上，デジタル人材の誘致などにも直結するからです。

4　変容する北海道観光

(1)　増加する観光客

◆コロナ禍を経た北海道の観光

　北海道では第2次産業の衰退を補完する産業として観光産業が発達してきました。コロナ禍以前の2018年度の域外から北海道観光入込客数は，919万人でした。うち訪日外国人観光客は，312万人と過去最高を記録しました（図表7-3）。中国や韓国などのアジア圏の国際線新規就航が追い風となりました。

　しかし，2020年に発生した新型コロナウイルス感染症の世界的流行で，国内外の旅行需要は低迷し，北海道の観光もその影響を強く受けました。

　しかし，旅行需要喚起策や新型コロナウイルス感染症の収束を機に，新千歳空港発着の国際定期便の再開，円安による為替メリットもあり，2023年度の上期観光入込客数は，2019年度と比較して9割程度まで回復しました。

図表7-3　北海道観光入込客数（道民以外）

出所：北海道観光入込客数調査報告書より筆者作成

138　第2部　地域創生のケース

◆インバウンド需要

　北海道を訪れる外国人観光客は，コロナ禍の時期を除き増加の一途をたどっています。国別の入込数をみると，過去最高を記録した2018年度は，アジア圏からの来道が90％超でした。新千歳空港発着の国際定期便（直行便）は，2019年の356便/週がピークで，約98％がアジア圏発着の国際線定期便でした。

　コロナ禍で2020年から2022年の夏ダイヤまで新千歳空港発着の国際線はゼロとなりましたが，2022年冬ダイヤからソウルや台北便が復活し，域外からの観光入込客数を押し上げる要因となっています。

◆観光産業の存在感

　2017年5月に発表された「第6回北海道観光産業経済効果調査」によると，域外からの観光客の消費額は7,925億円，経済波及効果2兆897億円と試算されています。この推計によると，観光GDPは，金融・保険業，食料品製造業，農業よりも規模が大きいのです。

　北海道では，新型コロナウイルス感染症拡大以前から，観光産業の基幹産業化や地域づくりと有機的に結びつける動きがありました。

◆選ばれる地域

　北海道は，ブランド総合研究所の「47都道府県魅力度ランキング」において，15年連続の1位に選出されています。

　ふるさと納税総合サイト「ふるさとチョイス」を運営する株式会社トラストバンクの東京都内に住む20歳以上の男女1,049名を対象に実施した「地方暮らしに関するアンケート」によると，地方で暮らしたい地域の1位は北海道，さらに実際にワーケーションをしたことがある地域の1位も北海道でした。

　北海道は，国内外の観光客の「目的地」としても人気が高いだけではなく，住みたい，働きたいという点においてもポテンシャルの高い地域なのです。

（2）　北海道観光の方向性

◆観光概念の拡張

　「観光」や「観光客」を厳密に定義するのは容易ではありません。ワーケー

ションで道外から訪れる人たちが，地域を観光したり，地元名産品を食べたり，お土産を持ち帰ったりすれば，観光客という性格も併せ持つことになります。

さらに，インバウンドには，ビジネス目的の海外出張者やVFR（Visiting Friends and Relatives），研修旅行，国際会議参加者なども含まれます。

日帰り，1泊2日のこれまでの観光スタイルだけをターゲットとするのではなく，「観光客」という概念を拡張し，広義の「観光客」をターゲットとした新しい観光戦略が必要となっています。

◆賃金と宿泊延べ数の相関関係

基幹産業として観光産業を捉えた場合，地域住民に還元されるのは「賃金」です。北海道へのアクセスは航空路が大多数を占め，宿泊を伴う観光スタイルが主流であることを踏まえ，広義の観光客を想定して「宿泊延べ数」と「賃金」の関係性を考えてみます。

図表7-4は，国内外旅行者の「宿泊延べ数」（観光庁『宿泊旅行統計調査』）を横軸に，宿泊業従事者の「きまって支給する現金給与額」（厚生労働省『賃金構造基本統計調査』）を縦軸にとり，上位10都道府県の相関関係をまとめたものです。

北海道は宿泊延べ数でみれば，東京，大阪，神奈川に次いで4位であるにも関わらず，賃金でみると最下位に位置しています。ここから，他府県に比べ富

図表7-4 ▍宿泊延べ数と宿泊業従事者の賃金の関係

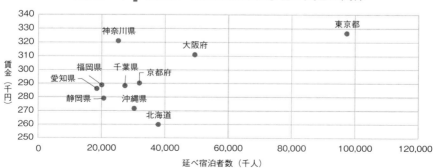

出所：筆者作成

裕層向けの高価格帯の宿泊施設の立地が少ないこと，滞在日数が他府県に比べ短いことが，価格転嫁の障壁になっています。観光業の賃金の引き上げができなければ，東京圏への人口移動を抑制できず，観光産業の持続的発展も実現できません。

北海道のインバウンドは増加が見込まれます。1泊2日の旅行や修学旅行の誘致ではなく，「留学生や高度専門職外国人の中・長期滞在者の獲得へと移行」[6]といった「観光概念の拡張」の視点が重要となっています。

（3） 東川町

◆東川スタイル

北海道のほぼ中央に位置し旭川市に隣接する東川町は，人口約8,000人の町です。日本最大の自然公園「大雪山国立公園」の区域の一部にもなっており，豊富な資源に恵まれています。東川町は「鉄道」「国道」「上水道」の3つの「道」がない一見すると辺鄙な町です。

しかし，東川町は約25年で定住人口が2割増加し，有名になりました。地域おこし協力隊が日本一多い点に注目が集まっていますが，手厚い移住支援策や，国内初・現在も唯一の公立日本語学校も人口増加の要因です。町内の民間専門学校には「日本語学科」が設置され，外国人介護福祉人材も養成しています。

東川町は，旭川空港まで車で10分の臨空タウンであり，2022年，隈研吾設計のサテライトオフィス（KAGUの家）も建設され，満室となっています。隈研吾の北海道事務所はそこに入居しています。

2023年の全国の市町村人口増加率では，占冠村が1位，倶知安町が2位，ニセコ町が8位，東川町が9位，南幌町が11位でした。道民の社会移動は札幌一極集中の傾向が強いですが，移住者や二拠点生活者，インバウンドは，札幌市以外の地域に訪問・移住しています。

◆フォルケホイスコーレ

中長期滞在者をターゲットにした，大人の学び舎が移住者によって設立されました。全寮制で1週間から数週間，学び分野の学習をしながらバケーションを楽しむデンマーク発祥の成人向け教育機関「フォルケホイスコーレ」という

ものです。主に滞在型プログラムを開催し，大雪山国立公園の大自然の中で北欧や地域社会の歴史を異なるバックグラウンドを持つメンバーと対話を繰り返し，自分と社会とのつながりを見つめ直す学びを提供しています。

　もはや観光と居住の境界線が曖昧になり「暮らすように旅する」選択肢を，地域側から内発的に見直し，多様な地域の魅力・個性という名のポテンシャルを再最大限に引き出した好例です。

（4）　弟子屈町

◆国立公園満喫プロジェクト等推進事業

　北海道には7つの国立公園がありその活用に関心が集まっています。2016年「明日の日本を支える観光ビジョン」に基づく「国立公園満喫プロジェクト等推進事業」のなかで35ある国立公園のうち先行地域として8公園が抽出され北海道では唯一「阿寒摩周国立公園」が選出されました。

　阿寒摩周国立公園のエリア内にある弟子屈町は，全国屈指の強酸性の泉質を誇る「川湯温泉」で有名です。川湯温泉への来客者数は，1995年に約60万人のピーク迎えました。以降，旅行形態や周辺都市の衰退から2023年では約6万人とコロナ禍を考慮しても減少が著しい地域になっています。

　約20軒あったホテルは，倒産や廃業で6軒まで減少しました。廃墟化したホテルの取り壊しは，所有権の問題や費用面から容易ではありません。

◆地域の未来を描いた1枚の『絵』

　老舗ホテルの社長は「ひとつのホテルでなんとかして集客しようとしても，なかなか力が及びません。非常に難しい。まずは，地域に目を向けてもらう必要があるわけです」[7]と語り，地域住民と語り合い目指したい地域の未来像を「絵」に描きました。

　この絵を描いた翌年に阿寒摩周国立公園が国立公園満喫プロジェクトに選出され，同プロジェクトにより，廃墟は解体・撤去されます。星野リゾートが環境省のホテル誘致に応じたことで「阿寒摩周国立公園弟子屈町川湯温泉街まちづくりマスタープラン」が策定されました。

　そのコンセプトは「湯の川がつむぐカルデラの森の温泉街」です。社長が描

142 第2部 地域創生のケース

いた絵は，地域再生のキーコンセプトとなったのです。「湯の川」は，倒産したホテル裏の用水路にあり，撤去できないままになっていました。本プロジェクトにより，「湯の川」を中核に据えた再生が可能となりました。

弟子屈町の事例は，地域住民が主体となって地域の未来を描きながら，中央省庁や星野リゾートをも巻き込み，埋もれていた地域資源を見直し，一自治体だけでは不可能であった温泉街の再生につなげたケースです。

国立公園をはじめとする地域資源の活用は，「無用・不要・無料の付加価値化」[8]といえ，北海道のリ・デザインのカギになるでしょう。

注

1 増田寛也［2017］『地方消滅』中公新書。
2 「ユーラス，北海道で31年にも最大級風力　AI電力需要照準」『日本経済新聞』，2024年5月21日朝刊。
3 「世界洋上風力サミット，北海道企業と事業者をマッチング」『日本経済新聞』2024年9月5日朝刊。
4 経済産業省・総務省『デジタルインフラ（DC等）整備に関する有識者会合（第1回事務局説明資料）』，2021年10月19日。
5 「苫東，純利益3年連続最高3月期決算売上高は初の30億円突破」『北海道新聞』2024年6月21日配信。
6 山﨑朗「国土の末端を国土の先端へ」『開発こうほう』第652号，2017年。
7 釧路自然環境事務所［2021］『自然の郷ものがたり』一般社団法人ドット道東。
8 山﨑朗「無用・不要・無料の付加価値化」『日経研月報』，2017年10月号。

第 **3** 部

地域創生の新しい戦略論

第8章 木質バイオマス資源の活用と地域創生

この章の概要

　日本の国土面積の67％は森林です。日本の森林率は，OECD加盟国3位です。人工林蓄積量は，年間6千万㎥増加しており，戦後植え続けてきた木を伐採し，活用する段階に入っています。

　木材自給率は2002年の19％から，2023年には43％にまで回復しました。木材輸出額は，2000年の81億円から2024年の538億円にまで増加しています。

　「都市の木造化推進法」策定以降，公共建築物の木造化が進み，近年は，民間の木造高層ビルの建設も増え始めました。都市の木造化は，国内の製材所や林業にもプラスの効果を与える逆6次産業化です。

　スギ花粉の少ない杉の木への植え替えも社会的要請です。森林環境税なども活用し，生産性・輸出競争力の高い林業へとシフトすべきですが，生産性向上は，雇用者数の減少を伴う点には注意が必要です。

　企業の森も増えています。東京圏の人口や世帯数もまもなく減少に入ります。実現を諦めた東京のグリーンベルト構想の実現を目指すことも考えられます。

1　森林大国日本

（1）　日本の森林

◆高い森林率と広い森林面積

　『令和5年版土地白書』によると，日本の国土面積3,780万haのうち，森林面積は2,503万ha（67％）を占めています。OECD加盟国に限定すると，日本よりも森林率の高い国は，フィンランドとスウェーデンだけです。

　日本の森林面積は，スウェーデンとほぼ同じです。人工林面積は，国土面積

第8章　木質バイオマス資源の活用と地域創生　145

の広い中国，アメリカ，ロシア，カナダには及びませんが，フィンランドよりも広い人工林面積を有しています。日本は，世界有数の森林大国であり，世界有数の林業大国，バイオマス産業国家となるポテンシャルを有しています。

土地総合研究所のリサーチメモ（2014年11月28日）によると，1850年（嘉永3年）の日本の森林面積は2,550万haで，現在の2,502万haとほぼ同じ面積だったとされています。江戸時代との違いは，人工林比率にあります。人工林の比率は，世界的には3.5%程度と見積もられていますが，ドイツやスウェーデンの人工林比率は，日本（40%）よりも高くなっています。

なお，日本の森林面積の約3割は国有林です。

◆都道府県の森林面積

林野庁によると，森林面積100万ha以上の道県は，北海道554万ha，岩手県117万ha，長野県107万haの3道県です（2020年）。80万ha以上の森林面積を有しているのは，福島県，新潟県，岐阜県，秋田県です。北海道や東北の県，長野県，岐阜県は，県の面積が広いこともあり，森林面積も広くなっています。

最も森林面積の少ない大阪府は5.7万ha，次いで東京都7.9万ha，神奈川県9.4万haです。大阪府，東京都は面積が狭いという点に留意が必要です。大阪府の面積は19万ha，東京都の面積は22万haしかありません。

森林率でみると，全国平均は67%です。千葉県29%，大阪府30%，埼玉県31%，東京都36%，神奈川県39%の4都府県，つまり東京圏と大阪府で低くなっています。沖縄県の森林率は45%です。森林率の高い県は，高知県84%，岐阜県81%，長野県79%，山梨県78%，岩手県77%です。北海道の森林率は71%です。

東京都奥多摩町の森林率は94%です。東京都の森林の67%は多摩地区に，33%は伊豆諸島・小笠原諸島にあります。森林の保全と森林資源の活用は，日本の多くの地域に共通するテーマです。

なお，日本一木材輸出量の多い鹿児島県の森林面積は59万ha（森林率65%）で北海道の1/9，岩手県の1/2です。スギ丸太生産量1位は宮崎県で，30年以上1位をキープしています。

146　第3部　地域創生の新しい戦略論

◆森林・林業政策の転換

　戦後の林業においては，天然林を伐採し，電柱や木造住宅に適したスギを，出材の難しい急傾斜地や，高度の高い山間部にまで植林する政策を推し進めてきました。現在の視点から過去の林業政策を批判することは容易ですが，戦後の混乱期における，海外からの帰国者やベビーブームによる住宅不足，破壊された住宅再建にともなう住宅建設需要の高まり，外貨不足による海外からの木材輸入の制約を考えると，致し方なかったような気もします。

　住宅や家具の資材とするには，スギの木であっても40年から50年程度の時間を要します。近年は，森林の公益機能を考慮して，伐期の長期化が図られつつあります。九州森林管理局によると，長伐期林ではスギで70年，ヒノキで120年に移行するとされています。林業では，この間に，下刈り，つる切り，除伐，間伐などの作業を行います。間伐を適切に行うことにより，森林の二酸化炭素吸収量は上昇すると見込まれています。二酸化炭素排出権取引（J-クレジット）にはプラスです。

　次世代のために植林した先祖の遺産（スギの保水力の弱さ，花粉症，単層林化による動植物の生態環境の悪化などの負の遺産という側面もないわけではありませんが）を，私たち世代がどのように活用し，そして70年から120年先の世代のために，二酸化炭素吸収源・水源涵養および海洋や生物多様性の保全機能，家具，住宅，木造高層ビル，製紙，バイオマス燃料，セルロースナノファイバー，製薬や半導体材料のための原料，あるいはハイキングや登山を楽しめる美しい天然林をいかに保全するのか，そして耕作放棄地をいかにして地域の生態系に適した自然林として再生するのかが問われています。林業は，1年を長期と捉える経済学の時間軸から離れた，もっとも扱いにくい産業です。

　農地の12％を加えると，日本の国土の78％は農林業の用地です。人口減少に転じた日本では，山林や農地を宅地や工場用地，道路に転換する必要性は，少なくなりました（景観や森林を破壊するメガソーラーは増えていますが）。大規模な国土開発の時代は終焉したのです。ビルの木質化やエネルギーのバイオマス化を促進しつつ，廃屋や耕作放棄地を森林に再生していく，あるいは林業としては適しない人工林を天然林へと戻していく，という逆向きのベクトルへの移行が求められています。

（2）　増加する日本の森林蓄積量

◆スギ・ヒノキに偏った人工林

　林野庁の「森林資源の現況」によると，森林の蓄積量は，1966年の18.9億㎥から2022年には55.6億㎥へと55年間で約3倍になりました。近年では年間0.6億㎥ずつ増加しており，2030年頃には60億㎥に達すると見込まれます。人工林に限れば，55年間で約6倍の35.5億㎥となりました。

　人工林の林齢別面積をみると，50年生を超える人工林が約6割であり，伐採期を迎えています。人工林ではスギが441万ha（44％）を占めています。次がヒノキの25％です。家具に適したブナなどの広葉樹は少なくなっています。

　スギやヒノキは，花粉症の原因となっており，春の花粉の季節には，国民病ともいえる様相を示しています。花粉症患者の増大は，マスク，ティシュ，薬，医療サービスの増加によるGDPの増加をもたらしますが，望ましい経済成長とはいえません。花粉の少ないスギ，ヒノキへの植え替えは必要ですし，都市近郊では，広葉樹を中心とした特別緑地保全地区面積の拡大や，グリーンベルト地帯の形成を促進すべきです。

◆森林等の二酸化炭素吸収量

　環境省によると，2022年度の二酸化炭素排出量は10億3,700万トンと推計されていますが，森林等の吸収量は5,020万トンです。人工林の高齢化により，吸収量は2014年度の6,310万トンから減少し続けています。二酸化炭素排出量を削減し，森林等の吸収量を増加させれば，日本の二酸化炭素排出量の10％程度を森林等で吸収することは可能です。のちにとりあげるJ–クレジットにも活用できます。

2　木材自給率上昇と輸出増加

(1)　木材自給率

　木材生産額は，図表8-1にあるように，2009年の1,900億円をボトムとして，2022年には3,600億円にまで増加しました。2020年の「木材自給率」（国内で消費する木材のうち国産材の比率）は，木材価格が上昇したウッドショックの影響もあり，48年ぶりに40％を上回りました。2021年，2022年はやや低下していますが，2022年の「木材自給率」は41％です（図表8-2）。

　1950年の「木材自給率」はほぼ100％でした。その後，1964年の木材輸入の全面自由化により，安い輸入品に押され，2002年に「木材自給率」は19％に低下しました。円高（2002年は1ドル120円前後）も影響したとはいえ，世界有数の森林大国の「木材自給率」が2割を切るのは異常だといえます。2010年策定の「森林・林業再生プラン」の2020年の木材自給率の目標は50％以上でした。

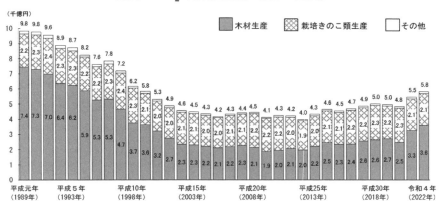

図表8-1　林業産出額の推移（全国）

注：「その他」とは薪炭生産及び林野副産物採取である

図表8-2 木材自給量および木材自給率の推移

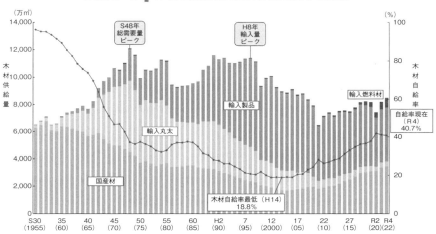

出所：https://www.rinya.maff.go.jp/j/press/kikaku/attach/pdf/230929-1.pdf

（2） 木材生産と輸出

都道府県別林業産出額（2022年）には、栽培きのこ類生産部門の産出額2,080億円が含まれており、東京圏に近い長野県487億円が1位、新潟県418億円が2位となっています。

木材生産部門に限ると、1位北海道384億円、2位宮崎県283億円、3位岩手県201億円、4位秋田県167億円、5位大分県160億円です。上位5道県を合計すると41％になります。

◆北海道と東北の輸出ポテンシャル

それに対して、木材輸出は、鹿児島県、宮崎県、大分県、熊本県の4県で数量および輸出金額ともに76％を占めており、著しい地域的偏りがみられます。

世帯数減少にともなって、国内・東京圏の木材需要は減少していきます。森林資源の多い北海道、東北からの木材輸出促進は、地域創生の課題です。

2024年3月に釧路市に調査に行きました。紙需要が減少しているため、日本製紙釧路工場の閉鎖（2021年）はいたしかたありませんが、その工場跡地の一

部に大林グループのサイプレス・スナダヤ（愛媛県西条市）が製材工場（2027年稼働予定）を建設することになりました（第7章参照）。北海道のトドマツなどの原木を材料として，住宅建築用の集成材を製造します。釧路港を活用して東京圏などに輸送されるのでしょうが，将来的には輸出につながることを期待したいと思います。

◆木製家具の貿易赤字

　農業と同様，林業も製造業，建設業との結合性を欠いていました。海外製の林業機械への依存度が高く，林業は全国各地に分散していますので，林業クラスターと呼ぶのは躊躇されますが，第二次産業である林業機械・製材業・家具産業・住宅メーカー・ゼネコン，第三次産業である不動産会社・商社・海運会社と林業とのつながりは重要です。

　「木材自給率」の定義は狭く，海外からの木製家具輸入を考慮していません。日本家具振興協会によると，2023年の木製家具輸入額（部分品を除く）は2,765億円であり，木質家具輸出額の74億円とまったく釣り合っていません。1960年代頃には，飛騨で生産されたブナの木を材料とする家具の8割以上はアメリカに輸出されたとされています。家具に適した広葉樹が少ないことが，家具製造のネックになっています。森林環境税は，飛騨の広葉樹林の再生事業の支援などに重点的に活用すべきです。

◆プッシュ型からプル型へ

　三菱地所は，「木（もく）を活用する社会の実現」を目指して，2020年に鹿児島県姶良郡の高校跡地（2022年現在地に移転）に，SDGsへの取り組みの一環として，MEC Industry株式会社を設立しました。三菱地所，竹中工務店，松尾建設（佐賀市）など東京本社の企業と九州の企業との合弁企業です。CLT（直交集成版）活用技術を発展させ，生産・加工・販売を統合した「統合型最適化モデル」を目指します。

　鹿児島県・宮崎県・熊本県の木材が使用される予定です。逆6次産業化の事例であり，「広義の新しい公共」といえます。

第8章　木質バイオマス資源の活用と地域創生　151

（3）　木材輸出の問題点

　2013年以降，日本の木材輸出は増加しています。背景には，海外での森林保護の動きや，海外産木材の価格上昇，中国での日本産木材に対する需要の増加があります。また，円安によって日本の丸太の価格競争力は高まりました。

　前著では，「農林水産省の2013年輸出入概況によると，林産物の輸出額は，2009年の93億円から2013年の152億円へと増加しました」[1]，と記しましたが，2024年には667億円にまで増加しています。林産物には，特用林産物（きのこ類等）と木製家具が含まれます。

　丸太のまま輸出したのでは，高い付加価値は創出できません。製材や木製家具として輸出する必要があります。

◆高い中国依存度

　日本からの最大の輸出国は中国で，5割以上を占めています。中国の森林保護規制や建築基準法である「木構造設計規範」（2018年8月改正）によって，日本のスギ，ヒノキ，カラマツを構造材として使用できるようになったためです。

　2位はフィリピン，3位アメリカ，4位韓国，5位台湾で，上位5カ国で9割以上となっています。フィンランドやスウェーデンと比較すると，日本は，丸太の輸出比率が高いのが特徴です。スウェーデンの製材輸出量は，ロシア，カナダに次いで世界3位に位置しており，日本の製材輸出のポテンシャルは高いと考えられます。

　2020年の「農林水産物・食品の輸出拡大実行戦略」によると，2030年の林産物の輸出目標額は1,660億円です。その実現には，丸太輸出から製材や木製家具輸出への転換が必須条件です。

　製材所の立地は，工業立地論で取り上げられる典型的な原料地立地です。木材は重量減損原料だからです。製材所は，輸送費を考慮して原料地である山村に近い場所に立地します。農水省によると，製材工場数は2019年の4,382工場から2023年3,749工場へと減少傾向が続いています。森林総合研究所の嶋瀬拓也によると，1960年代には25,000の製材所があったとされています。

152　第3部　地域創生の新しい戦略論

　家具の輸出増→家具・製材の出荷増→林業の活性化となれば，これもまた逆6次産業化の事例となります。2024年7月に調査しましたが，旭川市および東川町などに立地している旭川家具の事業所は，北海道産の木材の使用量を増やしつつあります。旭川家具工業協同組合によると，北海道産材使用比率は69％（2023）にまで高まっています。

◆**秋田県能代市での製材所建設**

　国内製材最大手の中国木材（広島県呉市）は，2022年，能代工業団地に秋田県の原木（スギ，ヒノキ）を原料とする製材工場，加工工場，集成材工場，天然乾燥場建設のため，30.3haの工業用地を確保しました。投資額は286億円，年間原木使用量は24万㎥，従業員は将来的には250人の予定です。2024年1月から一部の工場は稼働を開始しました。かつて「木都」と称された能代地域の再生への期待が高まっています。1970年には秋田県に約700の製材所があったとされていますが，現在は1/10程度にまで減少しています。

　この工場のモデルは，2014年に宮崎県の日向市に建設した同社の工場で，製材の過程で生じる木くずなどを利用してバイオマス発電も行い，全量を東北電力に売電します[2]。

　同社は，工場周辺の山林取得も進める予定です。同社の国産と輸入の原木使用量は1対2程度ですが，能代工場稼働で3対4程度になり，将来は1対1にすることを目指しています。能代工業団地は，能代港まで8.7km（車で14分）と近く，海上輸送の利便性も高くなっています。

（4）　木材輸出の増加に向けて

　木材の輸出先は，九州に近い中国，フィリピン，韓国，台湾に偏っており，また，九州では山林の近くに港湾が整備されていることもあって，木材の輸出港は，九州の港に偏在しています。

　地域創生は，自治体による「地方創生」だけでは実現できません。日本のホタテや食品輸入を規制している中国政府との国際交渉は，地域創生の本丸中の本丸で，農林水産省，経済産業省や外務省の仕事です。市場調査，ブランド化，技術開発を支える日本木材輸出振興協会のような業界横断的な組織の役割も重

要です。農林水産物・食品輸出の重要性に対する農林水産省の認識が遅れた感は否めませんが，農業保護から輸出促進への政策転換は評価できます。

日本木材輸出振興協会は，2023年に改正された「農林水産物および食品の輸出の促進に関する法律」に基づいて，製材と合板の輸出をオールジャパンで推進する認定品目団体に認定されました。

（5）　南九州の港湾からの木材輸出

丸太の輸出港湾（輸出額：2022年）は，鹿児島県の志布志港28.8％，熊本県の八代港10.1％，宮崎県の細島港9.1％，鹿児島県の川内港6.8％の4港だけで全国の約55％を占めています。ビールや畜産品のように博多港からの輸出ではなく，南九州の地方港が「産直港湾」（国土交通省の指定は受けていませんが）として機能しています。

無価値なものとして長年放置されてきた木質バイオマス資源を，経済的価値に転化できるようになり，無駄な公共事業の代名詞であった地方港は，後背地の山村から切り出された木材の輸出港として機能しています。家具業界や建築業界との結合はまだこれからですが，戦後蓄積されてきた森林資源と地方港という二つの地域資源はようやく結びつきました。

2023年の丸太輸出量は，2022年比で21％増加し，160万㎥でした。うち，141万㎥は中国向けです。九州は中国に近く，緊急の調達や少量の調達がしやすい点も評価されているようです（もちろん価格の安さも）。

3　バイオマス発電への期待と不安

◆景観，災害と太陽光パネル

各地で山林を伐採して太陽光発電のパネルを設置している場所をよく見かけるようになりました。景観の破壊といえます。内閣府「森林と生活に関する世論調査」（2024年2月）によると，森林を訪問した理由の1位は，「優れた風景や景観を楽しむため」56.4％です。森林に期待すること1位は，「二酸化炭素を吸収することにより，地球温暖化防止に貢献する働き」67.6％でした。

154 第3部 地域創生の新しい戦略論

また，太陽光発電は，九州では発電量の多い夏の時期には余っており，出力
制御によって余剰電力は廃棄されています。FITによる太陽光発電に対する初
期の買い取り価格は，高く設定しすぎでした。太陽光発電の特性を考えると蓄
電池との組み合わせも必要でしたが，蓄電池への投資は遅れました。設置場所
によっては，風水害にあう太陽光パネルも増えています。景観も破壊されます。
太陽光パネルのリサイクルも問題です。再生可能エネルギー発電促進賦課金の
配分は，地域の環境や景観を十分に考慮すべきです。

◆巨大バイオマス発電所

国内最大級のバイオマス発電所の出力は，7.5万kw程度です。大型の火力発
電所は100万kw程度の出力がありますので，それらと比較すれば1/10以下の出
力にすぎません。それでもこのサイズのバイオマス発電所になると，地域内で
のバイオマス燃料の調達は困難です。そのため，北米の木質ペレットや東南ア
ジアのパームヤシ殻を年間30万 t 以上輸入しなければなりません[3]。

石炭火力発電所の廃止が求められているなかで，規模の経済性が確保できる
巨大なバイオマス発電所を，輸入に便利で都心に近い港湾の近接地に立地しよ
うとする立地戦略を理解できないわけではありません。

しかし，巨大バイオマス発電所は，日本の林業との関係性はほとんどなく
（一部では混焼する発電所もあります），大量の燃料輸入は，日本の貿易赤字を
拡大させる可能性もあります（石炭輸入との比較になりますが）。日本の林業
との関係性が薄く，山村の活性化にも寄与しません。パームヤシ殻は，東南ア
ジアの現地でのバイオマス発電の原料とすべきです。

2025年2月，経済産業省は，輸入材バイオマスを使用するバイオマス発電を
再エネ支援の対象から外す方針を打ち出しました。

◆小型バイオマス発電所

小型バイオマス発電所の発電コストの引き下げ，あるいは採算を確保するた
めの「スキーム」の構築は，林業，山村の活性化にとってカギとなります。発
電効率の高い小規模発電設備の研究に力を入れるべきです。

小型のバイオマス発電所は，多くの燃料を必要としませんが，発電量は少な

く，地域の発電需要を満たす程度にとどまるケースが多いと思われます。電力の地産地消です。環境省の2015年の推計では，暖房費と自家用車利用の多い地域では，地域所得の10%程度が中東諸国などに流出していました。2013年価格での推計ですので，原油価格や為替を考慮すると，その比率はさらに高くなっている可能性もあります。電力の地産地消は，輸入代替戦略でもあります。

　林野庁がモデルとした5,000kwのバイオマス発電所は，1万2千世帯の電力を賄えます。売電収入は推計時点で12億から13億円でした。関連する雇用を含めて約50人の雇用が見込まれますが，必要なバイオマス燃料は，年間6万tです。年間6万tといってもよくわかりませんが，森林ジャーナリストの田中（2007）は，1年間で100haの森林が丸裸になる量に匹敵すると指摘しています。

　バイオマス発電の制約は，地域での原料調達です。原料の加工（乾燥やペレット化）にもコストがかかりますが，最大の問題は調達圏です。広いエリアからバイオマス資源を調達するとなると，市町村の境界を越えることになり，政治的調整が必要となります。また，広域になるほど輸送コストが高くなり，バイオマス発電の燃料調達コストは高くなります。日本に対する二酸化炭素排出量削減への国際的圧力が強く，経済産業省の思いも理解できないわけではありませんが，FITによる支援は，小型の水力発電とバイオマス発電所に限定すべきです。

　小型バイオマス発電所の採算性を高めるには，排熱の活用（温水プール，温浴施設やビニールハウス），廃物の肥料化，廃二酸化炭素の活用（ビニールハウスでの栽培に活用）などとの複合的な組み合わせが求められます。

　FIT，ふるさと納税，森林環境税，J-クレジット，クラウドファンディングや地域住民による出資などを組み合わせて，採算の取れる（減価償却費を大幅に低減できる）「スキーム」を構築する必要があります。

　ドイツのシュタットベルケをモデルとした地域電力会社への注目が集まっていますが，メガソーラーによる発電事業ではなく，小型水力発電とバイオマス発電による地域電力事業の方が望ましいと思われます。人口の少ない山村や離島であれば，電力の地産地消，脱化石燃料は実現可能です。

4　コンクリートジャングルから森林都市・木造都市へ

（1）　明治神宮の森と企業の森

◆明治神宮の森

　明治神宮の森は1915年，植林によって創出された森です。150年先に美しい森林となるように計画されました。当初の想定とは異なる樹木構成になっているとはいえ，都心のオアシスとなっています。地域創生は，5年単位のKPIを実現することではありません。自分たちの世代，自分の住んでいる自治体だけの利益を求めるものでもありません。

　社会資本整備，森づくり，まちづくりは，50年から数百年の時間をかけて行う世代を超えた事業です。自分たちの孫や子孫のために，今何をすべきなのかを考えるのが，私たちの考える地域創生です。

　明治神宮の森は，江戸時代や明治時代生まれの人たちからの私たち，そして私たち子孫へのプレゼントです。果たして私たちは，150年先の世代に何をプレゼントできるのでしょうか？

◆三井物産の森

　三井物産は，日本国内75カ所に日本の国土の0.1%（45,000ha）の森林を保有しています。10%は生物多様性森林に設定されています。森林管理は，三井物産フォレストが行っています。森の公益的機能や希少種の保護を意識しつつ，林業やリゾート開発を行う姿勢は高く評価できます。日本独自のSGEC認証と世界的なFSC認証を取得しています。森林の開発・保全の点でいえば，三井物産は，「広義の新しい公共」です。

　三井物産は，J-クレジットとして森林クレジットを創設し，人工林2.6万haを対象として，8年間に58万tを販売予定です。「無料の付加価値化」です。仮に1トン8,800円だとすれば，51億円になります。年間6.4億円，人工林1ha当たり約2万円/年です。100haの森林では200万円ですので，森林経営に対して

大きなインパクトがあるわけではありません。

　二酸化炭素を木材の形として固定化するには，植林，育林，伐採，都市の木質化，木材の燃料資源化のサイクルが必要です。生物多様性条約で示された30/30実現のために自然林の保全も大切ですが，林業・木質都市化（二酸化炭素固定）・バイオマス発電のために，植樹・伐採による人工林の再循環も大切です。日本の国土の7割が森林で，人工林はその4割ですので，日本の国土の40％以上は天然林が占めています。

◆**企業の森と研究開発**

　三井物産の森の面積は，企業の保有林としては3位です。1位は王子製紙の19万ha，2位は日本製紙の9万ha，4位は住友林業の4万haです。東京電力九州電力，中部電力も広い森林を保有しています。

　王子製紙や日本製紙，住友林業は，事業用の森林ですが，林業とは関係のないトヨタ，サントリー，NTTドコモなどによる企業の森が増えています。これらの企業の森は，「広義の新しい公共」といえます。

　製紙会社は，製紙からバイオマス企業へのシフトを模索しています。木質由来のバイオマスプラスチック，バイオエタノール，創薬開発です。とくに，セルロースナノファイバー（CNF）実用化への期待が高まっています。

　2024年9月，王子HDは，国内で保有する18.8万haの森林の有する経済価値（自然資本の経済評価）は，5,500億円/年だと公表しました。水源涵養の価値が2,040億円/年，土砂流出・崩壊防止の価値が2,750億円/年です。自然資本の価値を，バイオマス素材・医薬品やJ-クレジットなどとして付加価値に転化する必要があります。

　日本コカ・コーラシステムも，水源涵養率100％を目指して，21カ所の工場近くの森林の間伐や植林に協力しています。「広義の新しい公共」と呼べますし，最近の用語を使用すれば，自然資本を増加させることで経営にもプラスとなる「ネイチャーポジティブ経営」です。

◆**特別緑地保全地区制度とグリーンベルト**

　1924年，アムステルダムで開催された国際都市計画会議において，大都市の

無秩序な郊外への膨張を抑制するために，グリーンベルトという考え方が提唱されました。

1932年には東京緑地計画協議会が設立され，1939年に「東京緑地計画」が策定されました。計画のなかで策定された約96万haの環状緑地帯（グリーンベルト）は，紀元2600年の記念事業や防空計画に位置づけられ，緑地の形成が行われました。

グリーンベルト構想の挫折の原因は，理念先行と一挙的具体化への対象地域住民・地主の反発にありました。北九州市の逆線引きからもわかるように，理念先行かつ一挙的具体化では，住民の理解を得られません。しかし，相続などによって空き家となり，売却も難しいエリアの住宅などは，国や自治体，リージョナルトラスト運動を展開するNPOなどで保全・管理し，再利用困難なエリアの住宅は，自然に戻していくことが求められます。明治神宮の森は，150年先の未来に理想の森となるように計画されました。私たちも，150年先の未来に，東京圏郊外のグリーンベルト形成に向けて，地道な努力を続けていくべきだと考えます。鶴岡市で始まったランド・バンクのアイデアを，東京圏のグリーンベルトの実現のために活用する手もあります。

未来のグリーンベルトは，明治神宮の森と異なり，グリーンベルトを利用して，環境負荷の少ない経済活動を目指すという新しい機能を付与できます。ハイキングやキャンプ，乗馬など，住民だけでなく，インバウンド観光客や，ワーケーションなどで東京圏に滞在する国内外のビジネスマンの憩いの場となるだけでなく，二酸化炭素の吸収，空気の清浄化，生態系の保全，そして農業や林業を行うことによって，新鮮な野菜や果物の生産地，そしてバイオマス資源の総合的利用による発電，都市の木質化につなげていくことも可能です。グリーンベルトは，緑の空間ではありますが，手を加えてはいけない公園や神社の杜ではありません。レジャーのための空間およびエネルギー，建設資材の地産地消のための空間とすべきです。

東京圏の自治体は，都市緑地法に基づいて「特別緑地保全地区」を増やしています。断片的に保全されている「特別緑地保全地区」，「都市公園」，「街のすきま緑化事業」用地などをゆっくりと一体化していくことで，動植物の生態系に優しい緑のネットワークが形成され，都市の魅力度アップ，生物多様性，二

第8章　木質バイオマス資源の活用と地域創生　159

酸化炭素排出量削減，ヒートアイランドの抑制（クールアイランド効果）が見込めます。パリは，ヨーロッパでもっとも緑の多い都市を目指しています（反対意見も多いようですが）。

（2）　都市の木造化

2010年の「公共建築物等における木材の利用の促進法」制定以降，公共建築物の木造化が進んできました。2022年に法の対象を建築物一般に拡大した「都市の木造化推進法」に改正されました。木材利用推進本部も設置されています。

2022年に横浜で高さ44m，11階建ての木造高層ビルが竣工しました。東京日本橋では2026年竣工予定の高さ84m，18階建てのビル建設が始まりました。東京・丸の内では，2028年に高さ100mの木造ビルが完成予定です。

福岡市天神地区では，三菱地所による九州産CLT（MEC Industry製造）を使用した高さ91m，20階建ての木造ビルも計画されています。第4章で取り上げられた天神ビッグバン事業と南九州の林業が，鹿児島の製材工場と天神の木質ビルによって接合したのです。木造高層ビル建設→製材工業での製材生産→林業の活性化という逆6次産業化の事例です。

木造ビル建設の契機となったのは，『里山資本主義』で紹介された木の板を重ね合わせたCLT（直交集成版）という材料開発です。木造ビルの耐火性や耐震性の基準を満たせるようになったことが背景にあります。

ビルやマンションの木造化は，逆6次産業化のメカニズムを通じて，山村の林業の活性化につながる可能性を秘めています。都市の木造化は，二酸化炭素の固定化にもつながります。建築技術，都市の構造，建物の構造や高さは異なりますが，主にバイオマス資源をエネルギーと材料として使用していたエコシティ江戸への回帰ともいえます。江戸が森林に囲まれていたように，未来の東京も森林で囲まれた（グリーンベルト）都市へと転換していくべきでしょう。

環境省の「第五次循環型社会形成推進基本計画」（2024年）では，グリーンベルトや都市の木質化については取り上げられていません。サーキュラーエコノミー（循環経済）の構築のためには，商品単位の再利用，リサイクルから都市や地域でのサーキュラーの時代へと移行しなければなりません。

「大手町の森」のような，東京建物による都心での森の創出も行われるよう

になりました。企業による100年単位の街づくりへの関心の高まりを嬉しく思います。森林都市形成は，人口減少時代の都市整備の方向性です。

（3） 労働生産性と山村

◆減少する林業経営体と林業従業者

図表8-3にあるように，林業経営体数は2005年の20万経営体から2020年には3.4万経営体にまで減少しています。林業従業者数は，1980年の14.6万人から2020年には4.4万人にまで減少しています（減少速度は近年低下しています）。林業従業者の年間平均給与は361万円（2022年）にとどまっており，全産業よりも100万円程度少なく，さらなる生産性の上昇と安全性の向上が必要です。注意しなければならない点は，さらなる生産性の上昇が林業従業者数を減少させる可能性がある点です。

保有面積1〜5haの林家が74％であり，しかも不在地主化による経営意欲

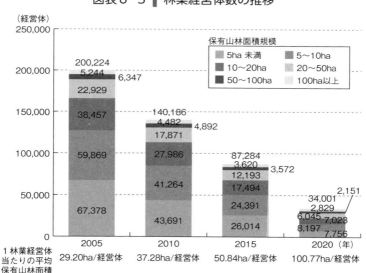

図表8-3 林業経営体数の推移

注：平均保有山林面積は、保有山林がある林業経営体における平均値
資料：農林水産省「農林業センサス」
出所：林野庁『令和3年度　森林・林業白書』資料Ⅱ-6，2024年

第8章　木質バイオマス資源の活用と地域創生　161

の喪失・違法盗伐の増加・所有者不明の山林増加・補助金による下支えといった林業の抱える根本課題はいまだに未解決のままです。山林の集約化，地籍の確定，経営規模の拡大，輸出競争力と所得の引き上げは，サステナブルな林業にとって避けては通れません。

◆労働生産性の上昇がもたらすもの

　第7章で取り上げられた北海道東川町には，耕作放棄地はありません。東川町の稲作は基盤産業ですが，農家数は減少しています。JAひがしかわの生産農家戸数は188戸，6割が米農家で米の生産面積は2,200ha（米農家平均約20ha）です。農水省のデータによると，米の作付面積が15haを超えると，1ha以下の生産コストの半分になることがわかっています（2022年産）。15haを超えても所得は上昇しますが，生産コストはほとんど下がりません。1ha以下では赤字ですが，15ha~20haの米農家の所得は528万円，20ha~30haでは762万円です[4]。大雪山の雪解け水を利用する東川米は，ブランド米となっていますので，東川町の米農家の所得は農水省のデータの数値よりも高いかもしれません。

　重要なことは，農業機械の効率性を高めるために，圃場整備によって，1枚の田んぼの面積を30aから220aにしたこと（現在も進行中），そして農地が1カ所に集約されていることです。規模拡大による生産性向上の結果，東川町の販売農家戸数は，2000年から2020年にかけて約1/3に減少しましたが，経営規模拡大，生産コスト削減，労働生産性上昇により，農家所得は上昇したため，米作の持続可能性（後継者問題を含む）は著しく高くなりました。

　農水省は，令和2年度の白書のなかで，経営耕地の拡散したケースとして経営面積16.4ha（70カ所に分散：離れた農地間の直線距離は5km）を紹介しています。これでは効率的な農業機械の運用による生産性向上は期待できません。

◆東川町の人口増加をもたらした要因

　国道・水道・鉄道のない東川町の人口増加は，高校生向けの写真甲子園開催による認知度向上，旭川空港（車で10分）への近さを生かしたサテライトオフィスの設置，福祉専門学校や全国唯一の公立日本語学校や大人の学校である

162　第3部　地域創生の新しい戦略論

フォルケホイスコーレの開設，東川振興公社によるスキー場・ケビン・温浴施設（廃業したホテル跡地）の運営，ふるさと納税と連携させた東川株主制度，企業とのオフィシャルパートナー制度（JAL，富士通，日本生命などの48社：2023年9月時点），二地域居住者・移住者の誘致，公設民営酒蔵やカフェなどのサービス業，および旭川家具産業の誘致と支援によるものです。

◆魅力ある生活空間としての山村

J-クレジット，バイオマス発電，企業の森，「ネイチャーポジティブ経営」は重要です。日本全体でみれば，一定の経済効果を見込めますが，自治体単位の経済効果，雇用効果は大きくありません。林業の規模拡大・効率化による生産性上昇は，従業者の減少をもたらします。

山村は，林業および林業関連産業を基盤産業としつつも，多様な人たちが短期（森づくりボランティア，インバウンド，アグリツーリズムやキャンプ）・中期（山村留学やワーケーション）・長期（林業に関係のない人たちの移住や二地域居住）滞在したくなる魅力的な山村になる必要があります。東川町は，農業だけでは成立しえません。バイオマス産業都市も，バイオマス産業だけでは成立しえないのです。

森林を切り開いた斜面にメガソーラーを設置するのは，本末転倒です。山村の景観を損ないますし，土砂災害の危険性を高めます。パネルも中国製が多く，貿易赤字の要因です。メガソーラー設置基準を厳しくするとともに，森林環境税，森林環境譲与税やみどりの税は，ぜひ森林乱開発防止にも活用していただきたいと思います。

日本の山村の地理的特性は，二つの海の中間点にあるという点です。国内外の多様な人たちの交流促進には，日本海側，太平洋側，有明海側，瀬戸内海側，オホーツク海側にある複数の空港・港湾や高度サービス業の集積した都市へのアクセス改善（高速道路の無料化）が重要です。

注

1　山﨑朗編著（2015）『地域創生のデザイン』中央経済社，p.13.
2　「中国木材，安定調達へ国産材シフト　秋田に新工場」『日本経済新聞』2022年10月12日電子版,

および同社HP。
3　「仙台バイオマス発電所が営業運転　出力は国内最大級」『日本経済新聞』2023年11月20日電子
　　版。
4　農林水産省農政局「米の消費及び生産の近年の動向について」2024年3月，pp.11-12.

参考文献

国土交通省『令和5年版土地白書』。
下川町（2014）『エネルギー自立と地域創造』下川町。
田中淳夫（2007）『森林からのニッポン再生』平凡社。
中村稔彦（2022）『攻める自治体「東川町」』新評論。
牧大介（2018）『ローカルベンチャー』木楽舎。
藻谷浩介/NHK広島取材班（2013）『里山資本主義』角川書店。
山村再生に関する研究会「山村の再生に向けて－環境・教育・健康に着目して21世紀を支える山村
　　づくり（中間報告）」2008年6月。
林野庁（2024）『令和5年度　森林・林業白書』。

第**9**章　中枢管理機能の最適配置

この章の概要

　アメリカの小都市は，本社都市です。GM，USスチール，ウォルマートのように，世界的大企業に成長してもNY，ワシントン，ロサンゼルスなどに本社を移転せず，創業の地に本社を置き続ける企業も少なくありません。

　日本企業は，成長にともなって，東京に本社機能を移転する企業が多いため，東京は本社都市，地方の都市は支店都市，営業所都市となり，東京を頂点とした階層的な都市システムに組み込まれます。

　近年，日本でもBCPの観点から，発祥の地，自社の工場や倉庫，能登半島，淡路島，リゾート地に本社機能や研究開発機能を移転させる動きもみられます。

　さらに，東京都心にある本社機能一部を切り離して，郊外や地方に立地させたり，テレワークを活用して，働く場所の制約条件を全面解除する企業も出てきました。地方都市でも，地域魅力度が高ければテレワーカー，高度外国人人材やサテライトオフィス，バックオフィスの誘致は可能になっています。

1　東京への本社集中メカニズム

（1）　発展途上国型の本社立地

　東京都内に本社を置く主要企業約1,700社を対象とした1988年の国土庁の調査では，「本社を札幌，仙台，広島，福岡に移転する可能性がある」と回答した企業は，1社もありませんでした。大宮市や幕張などの業務核都市や東京周辺の都市には，移転の意向はあるものの，「東京から離れた都市への移転はまったく考えられない」とする企業がほとんどでした。しかも，「各種優遇措置の効果はほとんどない」というアンケート結果も得られています[1]。

第 9 章　中枢管理機能の最適配置　165

　しかし，同時期にアメリカでは，異なる動きが生じていました。ニューヨーク州を含むミドルアトランティック地方の大企業の本社数は，1970年の204社から1987年には172社へと32社減少しました。ミドルアトランティック地方の全国に占める比率も，33.2%から28.0％に低下しました[2]。

　ミドルアトランティック地方から大企業の本社が移転した原因として，大西隆は，①混雑，治安悪化，家賃高騰による大都市中心部のオフィスの立地条件の悪化，②中堅幹部が生活の場として大都市を嫌い，郊外，超郊外，さらには全国の都市郊外へと居住地を移し，そこで職を求める傾向が高まった，③通信や交通の発展で，オフィス立地における距離のデメリットが縮小し，大都市から離れても企業活動は可能となった，④企業のオフィスが垂直的に分割され，中枢管理機能を分散的に立地する傾向が強まった，という４点を挙げています。

　さらにいえば，発展軸が，スノーベルト，フロストベルト，あるいはラストベルトと呼ばれる北部からサンベルト（南部）へ移動したこと，情報産業が西海岸に集積したこと，アメリカには時差があるため，電子メール等の利用が進んでいたこと（東海岸や西海岸との時差の少ないテキサス州のような中部地域の地理的優位性もあります），東海岸以外にも，アトランタやダラスのような国際ハブ空港を有する都市が複数存在していること，などが挙げられます。

　アメリカの小売り最大手のウォルマートは，創業の地の一つであるアメリカ北西部アーカンソー州ベントンビルに，2025年完成予定の本社を建設中です。遠隔勤務している社員に，本社への異動を求める通知を出したとされています。面積130haで，1.5万人が働く予定です。開発費用のうち2.25億ドルは創業家一族からの寄付です。ベントンビルの人口は，2022年に5.8万人です。ベントンビル空港は，ウォルマートとの契約により，ダラス・フォートワース空港へ１日８便，シカゴ・オヘア空港に１日７便，ラガーディア空港に１日２便を就航しています。

　もちろん，ボーイング社のように，西海岸のシアトルから東海岸のアーリントン（首都ワシントン近郊）に本社移転した企業もないわけではありません（2022年）。

　東京は，世界60都市を対象とした都市の安全性指数2019で，世界１位の都市でした。Worldwide Cost of Living Survey（EIU調べ：2023年版）では世界60

位（NYを100として69）でした。つまり，「地震などの自然災害の危険性」を除けば，安全かつ生活コストの安い世界都市です。そのため，①の要因は，日本においては本社移転の要因としては作用しにくいのです。また，コロナ禍以降は，出社を促すためにジム・個室ブースなどを拡充する動きもあり，オフィス賃料は費用ではなく，投資として捉える企業も増えています。CNNの2024年度外国人駐在員の生活コスト調査では，円安の影響もあり，東京は世界49位でした。

　ただ，スイスの再保険会社は，2013年に河川の氾濫，高潮，津波，暴風，地震などの総合的観点から，東京・横浜を世界でもっとも危険な都市だとしていますし，ロイズの調査も，東京を世界一危険な都市としています。

　とはいえ，いつ起こるかわからない自然災害のために本社を移転する，という経営判断を下すのは容易ではありません。北海道，東北，北陸，九州でも大地震や水害は発生しています。四国でも地震の発生が予想されています。地域ブロック単位でみれば，自然災害の危険性に大きな地域間格差は存在しません。FOOD & WINE社は，2024年に東京を「世界でもっとも飲食が楽しめる街」世界1位に選んでいます。東京都心は働く人にとって魅力的な空間であり，共有スペースの多い本社ビルやオフィスは，在宅勤務では得られない交流や体験が得られる場です。国土交通省の「都道府県別経済的豊かさ」では，東京都は全国最下位の47位とされていますが，日経BP総合研究所の「住みよい街2024」では1位武蔵野市，4位千代田区，5位文京区，6位府中市，8位渋谷区，9位東京都中央区，10位東京都港区でした。

　それに，東京都心の不動産は，値上がり率が高く，都心に自社ビルを所有することは不動産投資（含み益）という観点からもきわめて合理的なのです。中古マンションの価格上昇率も都心に近づくほど高くなっています。2024年上半期の世界都市別不動産投資額（JLL調べ）世界1位は，東京圏でした。

（2）　東京への本社集中と日本企業の国際競争力低下

　マイケル・ポーターと竹内弘高（2000）は，日本において東京圏への経済活動の一極集中をもたらした要因は，日本政府による経済活動への強力な介入であると結論づけました。経済活動の東京圏一極集中は，地方の個性的な産業ク

ラスター形成と高度な産業分野における日本企業の競争力向上を阻む要因だと主張しています[3]。

　日本企業の東京への本社集中は，マイケル・ポーターらが主張するように，日本企業の同質化戦略（me too戦略）による「過当競争」，オフィス賃料や通勤コストなどの本社維持費用の増加，迅速な意思決定の阻害，本社と生産現場との意思疎通の悪さによる技術革新力の低下をもたらし，90年代以降のアメリカ企業と日本企業の国際競争力格差，収益力格差を拡大する要因になったとも考えられますが，あくまでも仮説であり，その実証は困難です。

　大阪本社の東京移転の要因として堺屋太一が指摘したのも，業界団体・財界団体の東京集中と，政府の産業政策という制度的要因でした。

（3）　関西の地盤沈下と空港

　近年の東京一極集中の要因は，地方から東京圏への人口移動ではありません。大阪，神戸，京都，名古屋に本社を置いていた企業の二本社化や，東京への本社機能の移転，およびそれに伴う優秀な人材の東京圏への流出です。東京圏の人口社会増に寄与している府県は，1位愛知県，2位大阪府，3位兵庫県，4位福岡県です（2024年）。

　地域創生の重要課題の一つは，二眼レフ地域構造の再構築です。1963年に計画が承認された「関西第二空港」を，成田空港・羽田空港の拡充整備が進む前に，大阪南港あるいは現在の神戸空港のある地点に，滑走路5本の24時間運用の国際ハブ空港として整備できていれば，東京一極集中の様相は，現在とは大きく異なっていたにちがいありません。

　羽田空港には国際線が再就航しましたが，大阪国際空港（伊丹）と神戸空港には，国際線は就航していません。神戸空港は，海上空港にもかかわらず，夜間の離着陸は禁止されています。地域創生は，地域のポテンシャルの活用なのですが，その観点からすれば，関西は空港のポテンシャルを十分引き出せてはいません。びわこ空港の構想は消滅し，福井空港には定期便も飛んでいません。

（4）　首都圏一極集中の国土構造

　世界都市論の大家であるJ・フリードマンは，「世界都市仮説」（1987年）の

168 第3部 地域創生の新しい戦略論

なかで，首都圏への人口・企業の集中は，発展途上国でみられる典型的な国土構造だと指摘しています。それは，経済活動に対して政府や政府系機関の役割が高いうえに，国際空港，国際港湾，先端的な医療機関，研究大学，高級住宅など，政治・生活・学術・経済に関するインフラが，首都圏において優先的に整備されるためです。

都市地理学においては，国内資源に乏しく，中央集権体制の強い国は，卓越したプライメイトシティ（首位都市，首座都市）を形成しやすくなるとされています。韓国にもその傾向がみられます。タイのような発展途上国では，高度人材（外国人を含む）の労働・生活の場として，第2級世界都市であるバンコク都市圏以外を選択することは容易ではありません。逆にいえば，先進国とは，多様な都市や地域が，グローバルで中枢性の高い機能を担うことのできる国と換言できます。

経済産業省の第54回外資系企業動向調査によると，2019年において，所在地域別企業数では，東京都65.1％，神奈川県10.6％と，京浜地区だけで75.7％を占めていました。常時従業者数も，京浜地区で71.6％を占めています。対象企業数は5,748社でした。回収率は52％です。本調査は2020年をもって終了しました。

2 本社機能・高度人材地方移転の可能性

（1） 弱まりつつある制度的・政治的要因

経団連の2015年6月の「本社機能の地方移転に関する緊急アンケート」と2020年アンケートを比較すると，東京に本社を立地する理由として最も減少した要因は，「取引先・官公庁など関係者が東京に集中している」でした[4]。

取引先・官公庁との近接性という理由は，63.2％から27.7％にまで急減しています。この背景には，国内市場の比重低下や，日本企業の多国籍企業化もあります。

「現時点での拠点で機能・利便性に支障がない」を選択した企業の比率は，

2015年に82.4％，2020年に85.1％と高くなっています。毎年，最適本社立地を検討した結果として，東京に本社を立地継続しているというよりも，現状とくに支障がないという消極的な理由による立地継続といえます。すでにみたように，世界の主要都市と比較して，生活コスト，オフィス賃料が低いうえに，安全で（自然災害を除く）魅力的な東京から，あえて本社を移転する必要性はないからです。

本社移転の候補地の検索・調査・検討，そして移動にともなうさまざまなコストや従業員の意向調査，住宅の確保，生活支援など，多様な副次的業務も発生するため，本社移転は，特別な事情（本社の売却や本社オフィス賃料を引き下げるといったリストラや，入居しているオフィスビルの解体，業容拡大のため広いオフィスが必要など）がないと踏み切れません。

（2） 本社機能の一部地方移転と高度人材の移動

とはいえ，東京都心から近郊の地域への本社移転，あるいはバックオフィスのような本社業務の一部地方移転の動きはみられます。さらに，のちに取り上げる社員が居住地を自由に選択できるテレワーク，そしてワーケーション，ブレジャー（出張＋バケーション）による中枢管理機能の「微細的」地方移転も可能となりました。

企業の国際競争力や労働生産性の向上，企業収益力，労働者の働きがいや豊かな生活をもたらすとすれば，本社機能の地方移転や高度人材の地方居住は，促進すべき経営課題かつ国や自治体の政策テーマとなりえます。

2021年以降富士通は，「Work Life Shift2.0」を発表し，大分県や和歌山県とは包括連携協定，伊那市，日向市，松江市，洲本市など13地域（2024年1月現在）とは，ワーケーションパートナーシップ協定を締結し，すでに複数の従業員が東京から，それらの地域に一時滞在しながら勤務をしています（同社HP）。テレワーク，ワーケーション，ブレジャー（出張＋レジャー）は，地域の消費力の維持，観光業の活性化とも関連します。

（3） 観光概念の再検討

日帰り観光，1泊2日の観光に力を入れてきた地方は，発想の転換が求めら

170　第3部　地域創生の新しい戦略論

れています。中長期滞在者向けの宿泊料金体系の設定，家族向けの広めの部屋の確保，ホテルや旅館での仕事のしやすさ（仕事用デスクや椅子の配置と通信環境），長期滞在の楽しみ（とくに食事や孤独対策）の実現です。さらに，日本で中長期滞在しつつ，日本での生活や観光を楽しむ外国人労働者への宗教上の食事や言語対応も必要です。今のところ，外国人の中長期滞在者は，外国人が滞在しやすく交通条件に優れた東京都心を選択する傾向が強いようです（再度取り上げます）。

　本社機能や高度人材の誘致には，目玉となるような観光施設の整備ではなく，自然，交通，通信，食，住居，教育，医療，安全，人材供給力，地域社会の開放度など，本社立地や高度人材の中長期滞在に求められる地域の総合的魅力が問われます。

（4）　東京都に集中する上場企業の本社

　会社四季報オンライン編集部によると，2000年と2020年の比較で，東京都に本社を置く上場企業の企業数は1,591社（45％）から2,029社（53％）へと絶対的にも相対的にも増加しました。その反対に，大阪府に本社を置く上場企業数は，499社から434社へと減少しています[5]。このデータだけから，ただちに大阪から東京への本社移転の増加とは断定できませんが，大阪から東京への本社移転の流れは，1960年代から現在に至るまで，いまだに継続していると思われます。

　上場企業の66％は，東京圏に本社を置いています。地方圏で本社数を増やしたのは，北陸新幹線開業効果かもしれませんが，福井（12社から15社），富山（20社から23社），石川（25社から27社）の北陸3県，そして福岡県（74社から82社）の4県のみです。宮城県は3社減少し20社に，広島県の本社数は，1社減少し45社になりました。長崎県には上場企業の本社はなくなりました。

　上場企業本社数だけから，東京都，東京圏への中枢管理機能の集中・集積を論じることはできません。しかし，人口動態を合わせてみれば，やはり東京圏への中枢管理機能の集中は継続していると考えられます。

（5）　東京商工リサーチ（TSR）の調査

　2024年6月にTSRが初めて実施した「2023年度本社機能移転状況調査」によると，TSRのデータベース約400万社のなかで，県境を跨いで本社・本社機能を移転した企業は，1万3,701社（0.3%）でした。業種別では小規模企業の多いサービス業，そして情報通信業，小売業の順となっています[6]。

　転入超過は，中部が174社，次いで九州が116社で，転出超過は関東の272社，近畿の100社であったことが判明しました。都道府県別では，転出超過では東京都631社，大阪府217社，宮城県68社で，転入超過では千葉県104社，茨城県96社，長野県68社，京都府67社，静岡県60社と，東京，名古屋，大阪の周辺府県の転入超過が多くなっています。地方圏で転入超過数の多い県は，福島県35社，熊本県34社，沖縄県24社，福岡県22社，岩手県21社，広島県21社です。

　東京都の転出超過数は，2021年の1,861社，2022年の1,213社，2023年の631社と減少傾向にありますが，港区，中央区，渋谷区には，商業登記用のバーチャルオフィスも多く，どこに本社機能があるのかはわかりにくくなっています。

（6）　製造業企業の工場への本社回帰

　2021年マイクロンメモリジャパン合同会社は，東京都港区にあった本社を工場のある東広島市に移転しました。移転登記ですので，その実態は，外部からは伺い知ることはできません。親会社のマイクロンの本社は，のちに取り上げるボイジーというアイダホ州の州都に立地しています。

　東芝は2024年5月，品川区から川崎市へ本社を移転しました。東京圏内の移転ですが，この本社移転は，経営再建のための一手です。トヨタ東京本社は，文京区から品川駅近くの新しいオフィスビルに2026年移転の予定です。トヨタの本社は，登記上は名古屋駅前のオフィスビル内ということになっています。こちらも実態は外部からはわかりません。品川駅は，羽田空港へのアクセスが良く，名古屋駅と東海道新幹線でつながっている駅です。関西系企業の東京と大阪の二本社制も，東京本社への中枢管理機能の偏在があるように思われます。東京都への転出超過数2位は大阪府，3位は兵庫県です（2024年）。

　2023年日本ミシュランタイヤは，新宿区から群馬県太田市の研究開発拠点に

本社を移転しました。IHIの子会社であるIHIアエロスペースは，2024年4月に本社を東京都江東区から群馬県富岡市の富岡事業所に移転しました。関連産業の集積した地域であるとともに，地震や水害に強い地域であり，BCPも意識した本社移転です。地価が安く，交通の便が良いという点も考慮されたと思われます。都内ですが，ニコンは，2024年大井第一工場などがあったゆかりの地（品川区）に，各地に分散していた研究開発部門も統合した新本社ビルを建設しました。

　アメリカの自動車メーカーGMは，2025年に本社を移転します。デトロイト市内の新しいビルへの移転です。フォードの本社も，デトロイト市の西に隣接するディアボーンにあります。デトロイト市の人口は約60万人で，GMの経営破綻後は，失業率も高く，治安も悪化していましたが，モータータウンとして再生するだけでなく，スタートアップの拠点としても注目を集めています。

　ボッシュは，2024年5月に渋谷区から横浜市都筑区に本社を移転しました。横浜市の企業立地促進条例に基づく20億円の支援を受けています。ボッシュは，横浜の研究所との相乗効果や，東京横浜独逸学園の立地も考慮しています。東京都心に製造業企業の本社を立地する必要性はありません。

　茶類販売のルピシアは，ニセコに保養所と工場を立地しており，2020年に本社も渋谷区からニセコに移転しています。2020年9月に淡路市への本社機能の一部移転を公表したパソナの淡路島本社と関連する観光施設を2023年3月に視察しました。淡路市には，神戸市に近いという地理的優位性もあります。こちらは工場ではありませんが，縁もゆかりもない地域ではなく，関連する施設に近い場所への本社移転という点ではルピシアの本社移転と共通性があります。経営者の出身地や工場などのない地域への本社移転のケースとしては，石川県珠洲市に本社の一部を移転したアステナHD（移転当時の社名はイワキ）があります。

　経済産業省の2023年工場立地動向調査によると，工場立地の際に重要視した要因の圧倒的1位は，本社・他の自社工場への近接性でした。近年，新規の工場立地は，関東内陸と東海地方に偏在するようになっていますが，逆にいえば，立地条件の良い工場に，東京都心から本社を移転させる可能性も高まっているといえます。

第9章　中枢管理機能の最適配置　173

　東京圏以外においても，都心の新しいオフィスビルに本社を移転する企業が
みられます。大阪本社のクボタや福岡本社の西鉄です。

（7）　本社は東京概念崩せ

　経団連が2020年に行った調査の回答率は，33％にとどまっています。おそら
く回答しなかった67％の企業の多くは，本社移転をそもそも考えていない企業
だと思われます。「東京からの移転を実施中，検討中，今後検討する可能性が
ある」と回答した企業は，29社（22.6％）でした。

　この数字を多いとみるのか，少ないとみるのかは人によって異なるでしょう。
しかし，1988年の調査と比較すると，「本社は東京」という強固な固定観念が
揺らぎ始めているのも事実です。

　本社を東京圏以外の地方に移転するのは，創業の地が関西や東海の企業を除
くと，ハードルはきわめて高いでしょう。しかし，バックオフィスと称されて
いる本社機能の一部機能の地方移転は，デジタル化の進展によって可能となっ
ています。

　都心からの本社移転は，「地方創生」が第一目的ではなく，本社移転による
企業の労働生産性，国際競争力，従業員幸福度の引き上げが目的です。その観
点からすれば，「東京23区から地方に本社機能等を移転した場合にのみ」経済
産業省の補助金を支給する，という補助金制度は見直すべきでしょう。

　経団連のアンケートで注目すべきは，地方拠点の拡充・強化を検討中，今後
検討する可能性があると回答した企業が43社あった点です。既存事業所の機能
拡大28社，自前のサテライトオフィスの整備22社，外部のサテライトオフィス
の活用20社，ワーケーションの実施と新たな事業所の立ち上げがそれぞれ6社
でした。

　サテライトオフィスの活用，ワーケーションの実施などを検討する大企業は，
今後増えていくと思われます。地方自治体や地方の観光業も，テレワーク，
ワーケーション，そして居住地自由企業の従業員への対応が求められています。

174　第3部　地域創生の新しい戦略論

3　世界の本社都市

（1）　外資系企業の立地に適したアメリカの都市は？

　IT大手のオラクルは，テネシー州ナッシュビルに本社を移転する方針を明らかにしました。オラクルは，シリコンバレーからテキサス州に本社を移転していましたが，今回は，医療関連企業の集積しているナッシュビルに本社を移転します。

　日本経済新聞とファイナンシャルタイムズの調査「Investing in America（外国企業が投資しやすい都市ランキング）」によると，2022年版では，1位はリゾート地としても有名なフロリダ州のマイアミでした[7]。2位もディズニーランドのあるオーランドです。ジャクソンビルも8位に入っています。テキサス州のヒューストン，ダラスも5位と6位です。ニューヨークは3位，ボストンは4位でしたが，2023年版の調査では，両都市は10位圏外となり，代わりにフロストベルト（スノーベルト）地帯に位置している鉄の街，ピッツバーグ（ペンシルベニア州）が2位，トヨタアメリカが本社を移転したプレイノ（テキサス州）が3位に入っています。1位はヒューストン（テキサス州）でした[8]。

◆ピッツバーグの再生

　ピッツバーグは，カーネギーメロン大学やピッツバーグ大学（とくに医学部）との協力のもと，医療産業やIT産業のテックハブへの転換に成功し，スタートアップ企業数・投資額も増えています。2024年のTHE大学ランキングによると，カーネギーメロン大学は世界24位で，東京大学の29位よりも上位です。ピッツバーグ大学は，145位で東北大学，大阪大学の中間に位置しています。

　ピッツバーグ空港の旅客数は，かつてはハブ空港として2,000万人を超えていましたが，近年は1,000万人程度です。面積4,000haで4本の滑走路を有して

第9章　中枢管理機能の最適配置　175

います。ピッツバーグの人口は，30万人（2020年）です。それに対して，日本の鉄の街であった北九州市の人口は94万人（2020年）です。北九州空港の滑走路は1本で旅客数は2018年度178万人でした。

◆ダラス・フォートワース空港

　本調査では，上位15都市中6都市がテキサス州の都市となっています。ダラス・フォートワース空港は，中南米との結節点となっているハブ空港で，トヨタアメリカの本社のあるプレイノ市も，この空港の近隣にある都市です。6,963haの敷地に7本の滑走路を有する巨大ハブ空港です。近くにはサウスウエスト航空の拠点であるラブフィールド空港（滑走路3本）もあります。

　10位は西海岸のシアトルです。つまり，外国企業にとって，国土の辺境都市が魅力的な都市となっているのです。その背景には，税金と地価の安さ，そして世界的大学と国際ハブ空港，住環境の良さがあることはいうまでもありません。

（2）　空間克服都市：ボイジー

　里山資本主義で著名になった藻谷浩介が空間克服都市として注目したのは，アメリカ・アイダホ州の州都ボイジー（人口23.6万人：2020年）です[9]。2005年の人口は21万人でした。都市圏人口は増加傾向にあり，約75万人です。

　アイダホ州は，じゃがいもに代表される農業および林業と鉱業の盛んな地域で，産業構造の転換に苦しんでいました。大きな転機となったのは1973年のヒューレット・パッカードの工場誘致に成功したことでした。その後，マイクロン・テクノロジーがこの地で誕生し，ボイジーは，ハイテク都市へと変貌していきます。工場誘致に際して当時の知事は，インセンティブは一切出せないが，Law Tax，Good Work Force，Quality of Lifeは保証する，と答えたと伝えられています。

　ボイジーは，治安の良さ，地価の安さ，自然環境の豊かさといった地域特性を有しています。とくに注目すべきは，ボイジー空港の存在です。ボイジー空港は，街の中心部から5kmの地点にあり，面積2,000haで3,000m級滑走路2本を有しており，アメリカ国内41路線に就航し，複数のハブ空港と濃密に接続し

176　第３部　地域創生の新しい戦略論

ています。ちなみに羽田空港は1,515ha，成田空港は現状では1,172haです。

（3）　ドイツ南部の都市ミュンヘン

　世界的企業の本社所在地として，複数の国際ハブ空港との間で濃密な航空ネットワークが形成されており，高度な教育研究・芸術文化・医療・商業が成立できる70万人から150万人程度の都市圏であれば十分だと考えられます。

　人口150万人のドイツ南部の都市ミュンヘンは，その地理的位置と人口から福岡市と比較される都市です。ミュンヘンⅡ（4000m×２）という新空港の航空ネットワークが充実しており，2018年の旅客数は4,600万人（ヨーロッパの空港では８番目）で，国際線も福岡空港とは比較にならないほど充実しています。ミュンヘンには，シーメンスの本社があり，BMWの本社も近郊に立地しています。

　欧州委員会は2019年，Cultural and Creative citiesランキングで，パリに次いでミュンヘンを２位に位置づけています。ベンチャー育成・支援事業も活発に行われています。ミュンヘンの人口密度は，4,791人/㎢で，ドイツの都市で最も高く，福岡市の人口密度とほぼ同じです。福岡市と人口・人口密度がほぼ同じミュンヘン市は，中枢性，グローバル性，研究開発力において，異次元の都市です。

　ミュンヘンは，歴史遺産と芸術の街，公共交通の充実したコンパクトシティ，歩いて楽しいWalkable Cityとして紹介されることが多いようです。国際航空ネットワークの充実した4,000mの滑走路２本を備えた国際空港を有する本社都市，世界都市でもあります。日本の地域構造の問題点は，ミュンヘンに匹敵するような都市が地方には存在しない（形成できなかった）という点にあります。

第 9 章　中枢管理機能の最適配置　177

4　東京圏への本社再集中

（1）　帝国データバンクの調査

　帝国データバンクの調査によると，2023年，東京圏からそれ以外の地域に本社を移転した企業の方が，東京圏に本社を移転した企業よりも37社多くなりました。転出超過は 3 年連続です[10]。コロナ禍の影響があったと推察されます。

　しかし，帝国データバンクは，企業本社の脱東京圏の動きは弱まってきているとみています。また，東京圏から本社を移転した企業には減収の企業が相対的に多く，オフィスコストの削減というリストラの一環として本社移転を選択したことがうかがえます。2024年に本社を千代田区から大森に移転予定のイトーヨーカドーは，都内ですが，オフィスコスト削減というリストラ策の一環としての本社移転です。

　さらに，東京圏から本社を移転させた業種でみると，サービス業がもっとも多く131社の転出で，転入の118社を上回りました。卸売業は転出67社，転入39社で，製造業も54社の転出に対して転入は34社，小売業は転出38社に対して転入33社，運輸・通信業は転出15社に対して転入11社でした。建設業と不動産業は逆に転入超過となっています。

　本社の転出・転入数の動向だけから，東京圏への中枢管理機能の変化を推し量ることはできません。世界的企業と中小企業の違いもあります。本社は移転していなくとも，東京圏外にバックオフィスを設置したり，小さな本社へシフトすることもありますし，その逆もあります。

　ただ，帝国データバンクの調査によると，ソフトウエア開発業などのフットルースな業態の小規模企業の本社移転が多いのも事実です。卸売業や製造業の企業は，物流センターや工場に本社機能を統合する動きもみられます。

（2）　世界都市東京の相対的地盤沈下

　J・フリードマンの『世界都市仮説』（1986）の公表以降，東京はロンドン，

178　第3部　地域創生の新しい戦略論

パリ，NYとともに，第一級世界都市に位置づけられてきました。日本でも森記念財団の世界都市ランキングにおいて，東京は世界3位となっています。

　世界都市東京のランクが高いのは，世界最大の人口集積，日本企業の本社の東京集中と日本企業の多国籍企業化を背景としています。外国企業も国内では相対的には東京圏に集中しているのですが，世界の他の都市と比較して，外国企業の進出先，MICE，国際金融などの国際性の位置づけは高くはありません。外国企業の進出先，国際金融センター，MICE開催都市としては，人口564万人（2022年）のシンガポールの方が東京よりもランクは上です。シンガポールの生活コスト世界1位は，グローバルな中枢機能集積の裏返しです。

　ICCAによると，2023年のシンガポールの国際会議開催件数は，世界2位の152件（東京は13位91件）でした。世界1位はパリです。シンガポールは，その地理的優位性（東南アジアの地理的中心，世界航路の要衝）というポテンシャルを最大限活用し，国際ハブ空港，国際ハブ港湾の地位を確立し，それらを基盤としてグローバルな中枢管理機能，国際金融機能や国際会議の誘致を行っています。

　では，東京圏はどうでしょうか。港湾については，世界の主要港湾とはいえないところまで地位は低下しました。釜山港や上海港との競争は，もはや夢物語に聞こえてしまいます。東京港が京浜港のプロジェクトに参画しないなど，日本の各地でよくみられる地域間の対立構造も根深く残ったままです。

　2022年の速報値によると，コンテナ個数で東京港は世界42位，横浜港は70位，神戸港は72位です。仮に東京港＋川崎港＋横浜港を合わせて「京浜港」としてみても，世界23位です。1位は上海港で4,730万TEU，2位のシンガポール港は3,729万TEU，7位の釜山港2,207万TEUに対して，「京浜港」は802万TEUです。

（3）　ドメスティック大都市：東京

　ACIによるTop 10 busiest airports in the worldのデータによると，羽田空港は，2023年の旅客数で世界5位ですが，国際線旅客数ではランク外です。羽田空港の2023年の国際線旅客数は1,789万人でした。成田空港の国際旅客数2,505万人を加えると4,200万人を超えますが，国際線旅客数10位の4,380万人のマド

リード空港に追いつけません。マドリード都市圏の人口は632万人（2015年）です。

シンガポール・チャンギ国際空港（国内線はありません）の国際線旅客数は，5,841万人（5位）で，ロンドンのヒースロー空港は7,491万人，パリのシャルル・ド・ゴール空港は6,141万人です。東京はドメスティックな世界都市なのです。東京の世界的地位は，東京圏の巨大な人口と1億人を超える日本の人口を基礎としています。そのため，東京の世界都市としてのポジションは，東京圏や日本の人口減少の影響を強く受けます。

（4）　世界最大の都市：東京

国連「世界人口予測：2018年改訂版」によると，世界最大の都市は東京で，人口3,700万人です。2位のデリーは2,900万人，3位の上海は2,600万人です。

東京は，東京圏（1都3県），総務省の定義する東京70km圏，首都圏整備法で定義された1都7県など，どのような地域区分でみても4,000万人近い人口を有する世界最大の都市です。欧米の都市やシンガポールをみると，4,000万人近い人口を集積させなければ本社は立地できないのか，国際的なイベントは開催できないのか，集積の利益は実現できなのか，という素朴な疑問は残ります。

ハイモビリティの条件さえ満たされていれば，本社都市の人口は，70万人（ボイジー）から150万人（ミュンヘン）程度で十分だと思われます。ウォルマートの巨大本社のあるベントンビルの人口は，わずか5.8万人です。東京圏のように3,700万人の人口がいなければ本社都市になれない，というわけではありません。

日本は，北欧からアフリカ大陸にまで広がりうる南北に長い国土を有しながらも，その地理的ポテンシャルを最大限活用している，とはどうも思えないのです。

5　ハイモビリティと中枢性

（1）　空間克服とハイモビリティ

　羽田空港，成田空港，関西国際空港，中部国際空港の国際航空ネットワークの弱さは，地方発展の阻害要因になっています。ボイジー空港やアーカンソー州地方空港は，アメリカ国内の複数のハブ空港での1回の乗り換えで，世界の主要都市にアクセスできます。羽田空港，成田空港のハブ性の低さ（両空港の整備の遅れ）は，日本の地方都市の国際性の低さおよび中枢管理機能牽引力の弱さの原因です。

　羽田空港にもう1本の滑走路を整備し，成田空港は現在の拡張工事を粛々と進めていくことが望まれます。東京一極集中を促進する社会資本整備ではないか，と思われるかもしれませんが，国内線専用の羽田空港と国際線中心の成田空港に長年分離されてきたことが，地方空港のグローバル化の阻害要因となってきたのです。

（2）　どこでもオフィス

◆居住地自由

　ドラえもんの「どこでもドア」があれば，居住地選択の悩みは解消できます。ヤフーのリモートワーク制度「どこでもオフィス」は，国内限定のようですが，居住地の制約を解除した画期的制度です。ヤフーのHPによると，2022年4月から8月の間に東京オフィスの従業員約400名が東京圏外の地域に転居し，130名（東京オフィスに限定されない）は，新幹線や航空機での通勤圏に転居し，転居先は九州48％，北海道31％，沖縄県10％となったとされています[11]。中途採用応募者数が1.6倍になったことも明らかにされました。東京圏外の応募者数が増加しました。

　選ばれた居住地は，九州，北海道，沖縄の3地域で約9割を占めていますが，その背景には，自然環境や温泉，出身地，家賃の低さなどの要因に加え，空港

第9章　中枢管理機能の最適配置　181

へのアクセスの良さや羽田便の充実があると思われます。居住地を自由に選択できる制度は，アステラス製薬，ミクシィ，メルカリも導入しています。

◆**地方移住への高い関心？**

2024年版「首都圏白書」によると，東京圏在住者を対象とした調査で，20代の44.8％が地方移住に関心があると答えたとしています。全世代では35.1％でした。地方移住の懸念点は，1位「仕事と収入」，2位「人間関係や地域コミュニティ」，3位「買い物や公共交通等の利便性」です[12]。

では，地方在住者や留学生に尋ねてみたらどのような結果となるでしょうか。高度外国人人材や留学生の就職・転職サイトを運営するグローバルパワーの2024年5月時点での登録者4.2万人の現住所と就職希望地分析によると，現住所と就職希望地が同じ比率は，東京都52％，福岡県52％，愛知県50％，大阪府49％でした。

◆**高度外国人材のワーケーションの地はどこか**

出入国管理庁は，2024年2月に海外企業に勤務するITエンジニアらが日本に6カ月滞在できる専用の在留資格を設けると発表しました。①年収1,000万円以上，②日本にビザなしで入国できる約50カ国・地域の国籍，③民間の医療保険への加入が条件です。世界に3,500万人（2022年）いるデジタルノマドは，どの地域をワーケーションの拠点に選ぶでしょうか。2019年と比較して2023年の外国人宿泊者数の増加率の高い都道府県は，49％増の東京都（都内消費額は2.2倍）でした。

野村不動産とJR東日本が芝浦地区で開発している「芝浦プロジェクト」のコンセプトは，エリア全体をワークプレイスと見立てた「TOKYO WORKation」です。帝国ホテルや三井不動産レジデンシャルは，中長期滞在者のためのサービスアパートメント事業を開始しました。三菱地所は，海外から日本に来るデジタルノマドなどのための居住施設を2030年までに1万戸建設予定です。

デジタル化は，地方の対面サービス業を淘汰し，東京圏へのデジタル人材・データセンターの集中をもたらす両刃の剣です。国税で給与等が支払われる地

182 第3部 地域創生の新しい戦略論

域おこし協力隊（隊員1人当たり上限額は520万円）や集落支援人（1人当たり350万円）だけでなく，デジタル人材や高度外国人材の居住地に選ばれる魅力ある地域となるにはどうすればよいのかを，地域自らが考え，変化・創造しなければなりません。

　千代田区に本社のあるグローバルビジョンテクノロジーは，2024年9月島根県益田市のシェアオフィス（萩・石見空港まで車で5分）に事業所を開設しました。臨空，おしゃれ，快適，ビーチ，セキュリティがキーワードです。

注

1　国土庁国土調整局監修・オフィス分散研究会（1989）『脱東京戦略－オフィスの地方立地』ぎょうせい，p.69.
2　大西隆（1992）『テレコミューティングが都市を変える』日経サイエンス社，pp.132-133.
3　マイケル・E・ポーター，竹内弘高（2000）『日本の競争戦略』ダイヤモンド社，p.245.
4　一般社団法人　日本経済団体連合会「東京圏からの人の流れの創出に関する緊急アンケート調査結果」2020年11月17日，p.3.
5　会社四季報オンライン編集部「東京都の市区町村別『上場企業の本社数の変遷20年史』23区への本社集中が進んだ20年」2022年3月25日。
（https://shikiho.toyokeizai.net/news/0/514426）。
6　東京商工リサーチ「都道府県を跨ぐ企業の本社移転は1万3,701社　転入超過トップは千葉県，2位は茨城県」2024年6月26日。
https://www.tsr-net.co.jp/data/detail/1198704_1527.html
7　「外国企業が投資しやすい米都市，首位は南部マイアミ」『日本経済新聞』2022年10月6日電子版。
8　「外国企業が投資しやすい米国都市，首位はヒューストン」『日本経済新聞』2023年11月7日電子版。
9　藻谷浩介（2000）「空間克服で成長するアメリカの小都市」山﨑朗・玉田洋編著『IT革命とモバイルの経済学』東洋経済新報社，pp.169-191.
10　帝国データバンク「首都圏企業の『転出超過』前年比5割減　転入は2割増・310社　首都圏回帰の動き強まる」『首都圏・本社移動動向調査（2023年）』2024年2月。
11　「ヤフー，リモートワーク制度『どこでもオフィス』の利用状況を発表」『日本経済新聞』2022年8月30日電子版。
12　国土交通省（2024）『首都圏白書』，p.92.

第10章 「金利ある世界」の地域創生

この章の概要

　日銀資金循環統計によると，日本の家計金融資産額は，2024年3月末時点で2,199兆円となりました。新NISAは，2023年から開始されましたが，金融資産に占める現預金の比率は約5割で，アメリカの13％よりも高い水準にあります。企業の内部留保（利益剰余金）も，2023年度末に600兆円を超えました。

　日本の家計金融資産が増加してきたにもかかわらず，家計金融資産を活用した地域創生については，ほとんど取り上げられてきませんでした。しかし，税の地域間再配分ではなく，寄付，クラウドファンディング，インパクト投資をもとにして，地域の発展を図ることができるようになっています。

　①家計金融資産を増やして地域の消費を拡大する，②家計金融資産を活用して地域創生の事業を展開する，③資産運用業を地域の雇用や発展に結びつける，という視点が求められています。ニセコや沖縄などでのプライベートバンク事業や，東京，大阪，札幌，福岡の国際金融都市化です。

　地方最大の問題は，相続による金融資産の国庫や東京圏への移転です。

1　金融地域創生

（1）　古典的地域開発の終焉

　孟子は「恒産なくして恒心なし」と論じています。家計金融資産で地域を創生する。これが金融地域創生です。これまでの地域開発は，①公共事業，②工場誘致，そして③所得の地域間再配分（地方交付税，旧産炭地・過疎地域・離島・半島などへの支援，地方創生推進交付金など）の三本柱でした。

　日本国内における港湾，空港，ダムなどの建設は，ほぼ概成しました。東海

道[1]，山陽，東北新幹線は先行整備され，北海道，北陸，西九州の新幹線はまだ完成していませんが，山陰，東九州，四国の新幹線整備はかなり難しくなりました。沖縄県北部での新空港建設の機運は高まっていますが，それ以外の空港の新設（羽田空港と成田空港，中部国際空港の滑走路増設は別として）は，おそらくないと思われます。

これからは，公共事業（フロー）による雇用創出ではなく，地域に蓄積されてきた社会資本（ストック）を活用した発展戦略へ転換しなければなりません。長年にわたって蓄積されてきた資本の活用という点では，第8章で取り上げられた森林資源の活用も，そして家計金融資産の活用も同じです。

◆工場立地の関東集中

2023年の工場立地動向調査（回収率49％：太陽光発電を除く電気業・ガス業・研究所立地を含む）によると，1,000㎡以上の工場用地取得件数は745件，立地面積は1,415haでした。1970年前後や1990年前後と比較すると，工場立地件数，立地面積ともに約1/4に減少しています。2019年以降，関東（経済産業省の地域区分では山梨県と長野県を含みます），北海道，九州の立地件数シェアは上昇傾向，東北，北陸，中部，近畿のシェアは低下傾向にあります。

関東の新規工場立地シェアは40％であり，「新規工場の関東一極集中」といえる状況になっています。立地地点選定理由の圧倒的1位は，「本社・他の自社工場との近接性」でした。本社がもっとも多いのは東京都です。

北海道と九州は，今後しばらくラピダス，TSMC，ソニーなどの半導体工場建設にともなう関連企業の立地も見込めますが，新規工場立地の長期動向から判断すれば，工場誘致を地域開発の基軸とするのは難しい時代となりました。

◆工場数の減少と東北の工業

日本の工場数（従業員4人以上）は，1990年の44万工場をピークとして，減少傾向にあります。2020年には18万工場にまで減少しました。工場で働く従業者数も1991年の1,135万人をピークとし，2020年は772万人です。

東北の従業者数は，1991年の86万人から2020年の56万人にまで減少しました。1970年代以降，産業立地政策の効果もあり，東京圏に近く，社会資本整備の進

んだ東北への工場立地が進み，東北の雇用創出に貢献してきました。1991年以降は，工場の省力化，新規工場立地の激減，工場閉鎖という逆のメカニズムが作動し，工場集積は東北からの人口流出要因となっています。

　第8章で農業・林業の生産性向上は，従業者数の減少を伴うため，人口減少につながるという点を指摘しましたが，工場についても生産性の向上は，地域からの人口流出要因となっています。工場の生産性向上は，工業統計表の「付加価値」うち，東京本社や支店・研究所に配分される比率が高まることを意味します。現金給与総額（工場従業者対象）／「付加価値」は，1976年の42.3％から，2019年に35.4％に低下しました。2022年度の労働分配率（金融・保険を除く全産業）は67.5％です。安東誠一は，『地方の経済学』（1986）で，東北の工場集積を「発展なき成長」，「縁辺化」と呼びましたが，今や工場による成長基盤が揺らいでいます。重要なのは，「発展による成長」です。本社機能や研究開発機能のない縁辺化した地域では，付加価値の配分を高められません。

　貿易赤字，旅行収支黒字，第一次所得収支の黒字という組み合わせは，工場が多く，外国人観光客が少なく，本社の少ない地域の経済にはマイナスです。金融資産による所得の確保，地域のグローバル化と，中枢管理や研究開発機能の誘致・育成こそが，地域創生の重要課題となっているのです。

（2）　資産運用立国

　日本の家計金融資産残高は，2024年3月末に2,199兆円にまで増加しています。家計金融資産残高には，自営業者の事業性預金も含まれており，また負債残高も考慮されていません。

　391兆円の負債残高を差し引いたとしも，純金融資産は1,808兆円にまで増加しました。1,808兆円の2.1％（2025年度の国債利払い想定金利）は38兆円になります。2024年の年金積立金管理運用独立行政法人（GPIF）の運用資産額は255兆円，収益率は20年平均年率4.47％ですが，2023年度は23％でした。1,808兆円の4.47％は81兆円，23％は416兆円です。2023年度のふるさと納税総額は1.1兆円（内経費率約45％），2023年の外国人の旅行消費額は5.3兆円です。

　内閣官房によると，2000年から2021年にかけて，アメリカの家計金融資産は3.4倍に増加しています。その間日本は1.4倍の増加です。2023年12月のアメリ

カの家計金融資産額は，１京6,900兆円で，日本の8.3倍です。１人当たりにすれば，アメリカ人は日本人の約２倍の金融資産を有しています。アメリカの家計金融資産が生み出す金融所得は，日本の約40倍，570兆円（2024年４月〜６月を年率換算）に達しています。アメリカ人の寄付額が多い理由のなかには，金融所得の多さと寄附金税制もあります。日本でも家計の金融所得が増加すれば，寄付も増加し，NPOなどの活動資金も得やすくなるでしょう。

　日本政府は，2022年11月に資産所得倍増プラン，2023年４月にコーポレートガバナンス改革の実質化に向けたアクション・プログラム，2023年12月には，資産運用業・アセットオーナーシップ改革を加えた３本柱の資産運用立国実現プランを策定・公表しています。2023年１月からは新NISA（小額投資非課税制度）も開始されました。

　資産運用立国は，家計金融資産の約５割を占める現預金を投資へとシフトさせ，企業価値の向上，家計所得の増加による所得と分配の好循環を実現することを目的としています。

　しかし，資産運用立国が地域にいかなる影響を与えるのか，資産運用立国の実現に向けた改革に対して，地域はいかに向き合うべきなのか，家計金融資産を活用した地域創生はいかなるものなのかについては，これまであまり議論されていません。

　地域においても企業価値向上，新規事業やスタートアップの創出，事業承継，金融力による社会課題解決，キャピタルゲイン・利子・配当金・返礼品による所得と分配の好循環メカニズムの発動，そして資産運用業や高報酬のファンドマネージャーを誘致，育成できるかが問われています。

（3）　国立科学博物館のクラウドファンディング（CF）から考える

　東京都台東区の国立科学博物館は，コロナ禍による入場料収入の減少に直面し，所蔵する標本の管理費用が不足する事態に陥りました。国立科学博物館は，国の補正予算による支援を要請したものの承認は得られず，2023年８月に運営上不足する１億円を，CFによって集める方針を明らかにしました。

　国立科学博物館のHPによると，今回のCFは，2023年11月５日に終了し，延

べ５万6,500人から９億1,556万円を集めることに成功しました。CFに関する費用および返礼品の費用は3.4億円でした。なお，目標の１億円は，募集開始からわずか１日で達成しています。

このCFは，独立行政法人に対する交付金や観覧料（一般1,000円）ではなく，CFという金融的手法を組織の課題解決に活用した興味深い事例です。９億円を超えるCFは，世界的にも珍しいようです。

CFによる資金調達は，2011年の東日本大震災を契機として普及したとされています。松尾順介によると，CFによる「地方創生」というアイデアは，2012年８月の「ふるさと投資プラットフォーム推進協議会」の設置から始まりました[2]。小口投資をファンド形式で調達し，地域活性化に生かそうという金融地域創生の始まりともいえます。

事業再生のためのCFは，能登半島地震の際にも複数実施されています。その背景には，政府や自治体による事業再生支援策は，煩雑，面倒，不十分であることが挙げられます。CFは，共感にもとづく購買行動も促します。

第１章では「広義の新しい公共」という概念を提起しました。「新たな公」[3]や「新しい公共」からは，NPO，社会的企業，ボランティア，企業のCSR活動が想起されがちですが，「広義の新しい公共」は，個人，企業，大学，団体などの公共的課題解決に向けた，幅広い多様な行動や事業戦略を包摂しています。

さらにいえば，公共的な意識や関心を有しない人たちの行動が，地域課題や社会課題の解決に役立つとすれば，「新しい民」あるいは「新たな民」と呼ぶ方がよいかもしれません。「新しい民」や「新たな民」の行動を公共的な課題解決に結びつけるには，事業への参加や資金提供への私的な関心（配当金，返礼品，社会貢献への満足度など）を高める「スキーム」の構築が重要になります。

国立科学博物館のCFに協力した人たちに，公共的な意識や関心がなかったとは思いません。少なからぬ寄付者は，日本の科学技術予算の停滞について，危惧の念を抱いていたでしょう。しかし，返礼品に関する費用の大きさからもわかるように，通常の博物館入館では購入できない返礼品や，通常体験できない標本製作体験，さらには博物館のバックヤードツアーのような，寄付者が望

む特別なモノやサービスの「購入」という側面があったことも事実です。ふるさと納税とほぼ同じ3割の返礼率です。

公共的な課題解に対して，今回のように，私的な関心や利益を適切に組み込む「スキーム」の方が，より多くの支援者，より多くの資金を調達できます。

◆政策への異議申し立て

このCFが興味深いのは，政府の予算配分に対する，寄付者の異議申し立てとみることができる点です。文部科学省の管轄下にある文化庁企画調整課の資料によると，国立科学博物館の運営交付金への要求額は増加しているにもかかわらず，配分額は減少傾向にありました。日本の文化予算は，韓国やフランスと比較すると1/10程度にすぎないという試算もあります。

そもそも納税者は，所得税，住民税，消費税，固定資産税，ガソリン税，酒税，たばこ税などの使途を指定できません。このうち，酒税の50％，所得税の33.1％，消費税の19.5％は，地方交付税として支出されています。

近年，多様な形態での増税や社会保険料の引き上げによって，家計の可処分所得は増えにくくなっています。国民負担率（税と社会保険料の比率）は，1975年の25％から2023年度は46％にまで上昇しています。そのうえ，食品価格の上昇や電力・ガス料金やガソリン価格の引き上げによって，2011年以降，実質賃金がマイナスとなる年が増えています。

豊かになると下がるとされてきたエンゲル係数は，2007年頃から上昇に転じました。このように，閉塞感が高まっている状況のなかで，政策立案に直接関与できないという国民の疎外感と不満が高まっているのです。

CF，寄付，ふるさと納税，インパクト投資は，国や地方自治体の政策の補完的役割を果たしているとも捉えられますが，逆にいえば，国や自治体の政策や予算配分に対する要求あるいは異議申し立てと捉えることもできます。

◆返礼品と博物館に求められる機能

もう一つ，見逃せないのはCFの返礼品です。もちろん，寄付者には，ふるさと納税と同様，返礼品を受け取らないという選択肢もあります。今回のCFで人気だった返礼品は，研究者のオリジナル図鑑でした。子供向けのイベント

第10章 「金利ある世界」の地域創生　189

参加券，バックヤードツアー，標本製作体験など，国立科学博物館に対する寄付者の要望から，これからの国立科学博物館のあるべき姿，役割，機能についての示唆が得られた点も見逃せません。

（4）　ふるさと納税と宿泊税

　ふるさと納税については，経済学者，とくに財政学者からは反対の声が多く聞かれます。税制の根幹を揺るがしかねない問題のある制度という主張は，研究者からすれば，正当な批判・評価です。

　ですが，ふるさと納税のおもしろさは，自治体や事業者は，寄付者が望む返礼品から，地域創生のヒントを直接得ることができ，また寄付者は，寄付の使途を指定できる点です。旅行券やホテル，旅館，飲食店で使用できるポイントは，観光客の誘客や関係人口の創出にもつながります。個人的には，廃屋や耕作放棄地，山林の購入費に使用してもらいたいと考えています。

　2023年度のふるさと納税の寄付額は，1兆1,175億円になりました。地方交付税不交付団体の自治体への配慮や，寄付の上限額の設定は必要ですが，継続してもよいと考えます（いきなり廃止すれば大混乱に陥るでしょう）。

◆ふるさとはどこか

　そもそも人々が自由に地域を移動する時代において，行政単位，国単位で税を徴収するのは，間尺に合わなくなっています。都心と郊外のベッドタウンとの昼夜間比率の差異は，住民税課税にとっての課題でした。住民票のある自治体（夜間だけ滞在している自治体）にのみ，住民税を収めることが望ましいとはいえません。

　さらに近年は，デジタルノマド，ワーケーション，インバウンド，二地域居住，キャンピングカー暮らし，アドレスホッパーなど，居住地不確定な人たちも増えています。宿泊税，入島税，入湯税，入山料など，一時的滞在者に税負担を求めるのは理解できます。そして，宿泊税などの使途を観光振興に限定する必要はありません。一時滞在者も道路を使用し，緊急時には救急車を呼ぶのですから。

　CFもふるさと納税も，寄付者（ふるさと納税を寄付と位置づけるのは適切

190　第3部　地域創生の新しい戦略論

とは思いませんが）の主体的行動による自由な意思表示（返礼品目当てだとしても）という共通性を有しています。これまで「新しい公共」は，ボランティア，NPO，社会的企業による公共的活動を指すと考えられていましたが，金融地域創生は，税ではなく，家計金融資産を活用する地域創生です。

　繰り返しになりますが，金融力を地域創生に結びつけるには，寄付者や投資家が関心持つような「スキーム」構想力や構築力が問われます。インパクト投資は，社会課題解決を包摂した新しい「スキーム」といえます。

（5）　政府系基金の縮小・廃止

　内閣官房によると，特定の政策実行のために積み立てた基金の残高は，2022年度に17兆円に達し，2019年度の約7倍にまで肥大しています。7割は経済産業省管轄の基金です。

　基金には，単年度主義の弊害を打破できる，複数年度にわたって政策を実行できるなどの利点はありますが，一旦基金が設立されればブラックボックス化し，有効に活用されているかどうかを外部から評価しにくくなります。その結果，152基金，200事業についての点検が行われ，基金からの支出が管理費のみとなっている11事業は2024年度に廃止と決まりました。残りの事業についても成果の検証ののち，延長または廃止が決定されます[4]。

　企業の内部留保の増大，寄付やCF，インパクト投資の進展などを考慮すると，国が基金を設立し，事業支援する必要性は低くなっています。資産運用立国の時代とは，個人や家計，企業が寄付や投資を自ら行う力と意思を有している時代です。中央集権型から自立分散型の金融地域創生への移行は，国の財政再配分や政府系基金という税依存からの脱却でもあります。

2　相続がもたらす東京圏への金融資産移動

（1）　地方の危機

　資産運用によって，国民が豊かになることは良いことです。しかし，多くの

金融資産を保有しているのは，高齢者です。亡くなると相続が発生します。

第2章でみてきたように，1950年代，60年代の民族大移動に匹敵するとまでいわれた地方から三大都市圏への人口移動，1980年頃からの東京圏への人口移動は，時間差をともなって，金融資産の東京圏への転送をもたらします。子どもたちが東京圏で居住し，親が東京圏以外に居住している場合，相続財産は，東京圏へと移動する確率が高くなります。地方の銀行に預けられていた預金は，引き出され，東京圏の都市銀行などへ預けられるか，別の形で投資されることになります。親子や祖父母と孫は，もっとも関係性の強い「関係人口」です。

三井住友信託銀行の青木美香の分析によると，今後30年間に家計の金融資産の58兆円が東京圏に移転されると試算しています。東京圏から流出する金融資産を差し引いた，純流入額は38兆円です[5]。

預金の県外流出率が高く，その多くが東京圏などの地域外に流出する県として，青森県，山形県，新潟県，福井県，奈良県，和歌山県，愛媛県が挙げられています。ブロック別にみると，東北，四国，中国，中部・北陸（新潟県を含む）の家計金融資産残高の減少率が高く，2050年頃には東京圏の家計金融資産のシェアは，現在の36.4％から41.0％へと高まります。「金融資産の東京一極集中」は，相続の増加により，今後加速します。それにともなって地方銀行，地方の信用金庫の預金残高が減少する可能性も高まります。

井上有弘によると，2024年3月末の信用金庫の預金残高は，前年同月比で0.5％増でしたが，人口減少率の高い東北では−0.5％でした[6]。信金中央金庫によると，2024年2月時点での信用金庫の預金残高の伸び率は0.1％にとどまっています。2023年11月時点では，東北，北陸，中国，南九州の信用金庫の預金残高はマイナスとなりました。2024年のJA貯金残高額も減少しています。

宮本佐知子の研究でも家計金融資産の地域的偏在化が強まり，東京圏の家計金融資産シェアは，2030年に38％を占めると推計されています[7]。

青木は，「『高齢化・人口減少』と『相続による資産の流出』という二重の逆風下にある地方に対し，大都市圏に集積した家計資産をうまく還元することにも目を向けるべきではないか。再生可能エネルギーなどの研究・開発事業の展開や，絶滅危惧種の保護・育成区の設立・運営などは，むしろ地方にこそ『地の利』がある分野だ。金融機関には，今後，そうした分野への投資等を通じ，

192　第3部　地域創生の新しい戦略論

資金を循環させる試みにも期待したい。」[8]と論じています。

　筆者も同意見です。社会に存在する関心を惹きつける多様な「スキーム」の構築が重要です。金融地域創生とは，多様な地域に資金を循環させるための多様な試みです。子どもに財産を残さない，財産を残す子どもがいないと回答する人の比率も高まっています。「スキーム」の魅力次第では，財産寄付もありえます。

　2024年度「経済財政白書」によると，2019年の家計金融資産のピークは60〜64歳で平均1,800万円ですが，80代以上になっても保有額は1,600万円弱で金融資産の取り崩しが少ないことがわかりました。

　奈良県，秋田県，愛媛県などの17県では，家計金融資産の30％以上が流出すると推計されています。地方に居住している親が亡くなり，その子供たちが東京圏などに居住している場合，地方銀行や地方の信用金庫に預けられている預金は，おそらく東京圏などへと移動されることになります。東京圏から地方圏への資金の流れを創出できるか，これが金融地域創生の課題の一つです。

3　JR北海道と基金

◆経営安定基金の運用

　JR北海道，JR四国，JR九州は，三島会社と呼ばれています。これらの鉄道会社の経営支援策として，1987年に経営安定基金が設置されました。とくに赤字額が大きくなると予想されたJR北海道に対しては，6,822億円の基金が国定生産事業団から拠出，交付されました。JR会社法は，基金の取り崩しを原則禁止としていますが，JR九州は株式上場の際に取り崩しが認められています。

　経営安定基金が7％を上回る利回りを確保できれば，JR北海道の赤字は補填できると考えられていました。しかし，バブル崩壊後，運用利回りは急速に低下し，営業赤字を経営安定基金の運用益で補填できなくなりました。日銀は，低金利政策がJR北海道の経営を苦しくするとは考えてはいなかったと思います。全国一律の政策も，地域には異なる影響を与えるのです。

　国土交通省は，JR北海道に対して，追加の支援策を相次いで打ち出してい

第10章　「金利ある世界」の地域創生　193

ます。基金運用という点においては，2021年7月から約2,900億円を鉄道建設・運輸施設整備支援機構による年5％の金利支払いという支援策が実施されています。さらに，近年の株高によって，2023年上半期の運用利回りは5.72％にまで上昇し，2023年上半期の純損益は，117億円の黒字となりました。つまり，持続的に経営安定基金が年7％を上回っていれば，JR北海道の経営危機は現在とは大きく異なっていたと考えられます。

　ノルウェーの年金基金は，20年間の平均で年率10％近い運用利回りを確保しています。経営安定基金が，「適切に」運用されていれば，年平均7％の運用利回りの確保は不可能ではなかったのです。

　ユニークな返礼品・配当金と社会貢献を組み合わせた「スキーム」を設定できれば，北海道民や全国の鉄道ファンによるJR北海道支援もできたのではないかと思われます。

4　金融地域創生に向けて

（1）　金融資産の都道府県格差

　総務省統計局「2019年全国家計構造調査」によると，純金融資産は，神奈川県，奈良県，愛知県，富山県，岐阜県，兵庫県で高く，もっとも少ないのは沖縄県の604万円でした。意外ではありますが，東京都は8位の1,421万円であり，7位の千葉県よりも低くなっています。

　1,000万円を下回っている道県は10あり，いずれも九州，東北，北海道の道県です。沖縄県は，住宅・宅地資産が多く，家計資産総額では全国26位の2,188万円です。家計資産総額では東京都が1位の4,701万円で，以下神奈川県，愛知県，埼玉県，奈良県，京都府で高くなっています。

　地域創生の新しい方向性の一つは，家計金融資産の運用と活用です。金融地域創生には，高齢者が相対的に多い地方での金融教育や投資制度の周知，遺産相続の事前相談や法定相続人のいない遺産の地域への寄付などによる，東京圏への金融資産の地域間移動の抑制が必要です。

194　第3部　地域創生の新しい戦略論

　休眠預金は年間500億円程度発生しており，金融庁は，それらの休眠預金を新しい公共に対する融資の資金として活用するとともに，大都市圏への集中抑制に寄与することを求めています。

（2）　金融地方創生の課題と戦略

◆定額貯金の功罪

　旧来の金融地域創生は，全国に分散配置されてきた郵便局を活用した10年間の定額貯金や簡易保険によって，全国津々浦々の金融資産を，中央集権的に吸引し，特殊法人などに貸し付ける財政投融資制度に組み込まれていました。

　財政投融資制度が日本の高度経済成長や地方の社会資本整備に果たした役割は評価すべきですが，金利が高く（6％以上），長期かつリスクの小さな定額貯金の存在は，リスクのある国内外の株式や債券投資への国民の許容度を引き下げる要因となりました。

◆年金基金の保守的運用と資産運用会社

　資産運用立国への本格移行には，個人にも，地方自治体にも経験したことのない新しい対応が求められます。まずは，住民に対する金融教育の促進です。デジタル化と通信の光速化によって，郵便局・銀行・証券会社の支店がない地域においても，グローバルな金融取引ができるようになりました。ネット銀行やネット証券の口座数は増加しています。ネット取引によって，金融取引のコストも大幅に削減されました。地域住民を豊かにする手法の一つとして，資産運用という手法が加わったのです。

　資産運用立国の課題は，アセットオーナーである年金基金の運用が保守的で，金利の低い国債投資に偏っていたことです。日本の年金基金の運用力の低さは，プロ投資家の育成を阻み，そして高齢者の多い地方の年金受給者の年金支給額にマイナスに作用したのです。

　仮に，失われた30年間に年平均10％で運用できていれば，将来世代の年金削減を検討する必要はなかったかもしれません。若い世代の年金受給額の不安定性は，投資への関心を高める一方で，少子化にもつながっています。

　そしてもう一つは，日本にはブラックロックのような世界的な資産運用会社

が存在しないことです。資産運用会社上位20社のなかに日本企業はありません。ブラックロックのCEOの報酬は，野村HDのCEOの260倍です。

（3）　国際金融都市への課題

◆国際金融都市東京のランクダウン

　東京の国際金融都市化は，東京都の政策課題であると同時に，日本政府の政策課題でもあります。イギリスのシンクタンクのであるYenグループの「国際金融センター指数（GFCI）」では，東京の世界ランキングは，2020年3月の3位から2023年3月には21位に急落しています。森記念財団は，2023年の金融都市総合ランキングで東京を世界3位としていますが，日本の金融機関（銀行・損保・生保・証券会社）の東京への本社集中と東京証券取引所の時価総額を過大評価しています。

　資産運用立国が「オルカン」のようなファンドへの投資額増加にとどまるのでは，「地方創生」にはあまりつながりません。東京一極集中促進と批判されるかもれませんが，東京の国際金融センター化は，東京創生のみならず日本創生の重要課題です。

◆金融・資産運用特区

　金融・資産運用特区に指定された北海道・札幌市，大阪府・大阪市，福岡県・福岡市において，資産運用会社，IFA（独立系投資アドバイザー）やファンドマネージャーの育成や誘致ができるのかも資産運用立国の課題です。

　資産運用会社の入居するオフィスの条件は，セキュリティ水準が高く，耐震性に優れたビルのオフィスです。賃料が安いというだけでは入居できません。それらの点では，福岡市の天神地区のオフィスを一挙に建て替えている「天神ビッグバン」は，金融・資産運用特区のオフィス環境整備にとっては有利です。

（4）　金融地域創生の課題と戦略

◆遅れた資産運用立国への移行

　日銀による金利の引き下げや国土庁の過大な東京都心オフィス需要予測などを契機として，1990年前後にいわゆる「バブル」が発生しました。本業ではな

196　第3部　地域創生の新しい戦略論

く，投資で利益をねん出する「財テク」なる用語も生まれました。

　しかし，山一證券，住宅専門金融会社の倒産や都市銀行の経営悪化にともなう合併，その後の日銀による長期低金利政策は，「財テク」ブームの終焉をもたらし，日本社会は，成熟した金融立国になる貴重な機会を喪失し，30年近いデフレに苦しむこととなりました。長期の株価低迷と低金利，デフレ，円高は，投資リスクを高め，逆に低金利の普通預金・定期預金やタンス預金を保持する合理性を高めたのです。

　GPIFが資産ポートフォリオを見直し，株式投資の比率を高めたのは2014年です。GPIFの運用益の大半は，それ以降の10年間に生み出されたものです。家計の資産ポートフォリオの見直しは，これからが本番です。

　政府は，2024年8月に，未公開株やREITなどへの投資を可能とする年金基金（アセットオーナー）の運用力強化の方針を策定しました。年金基金も投資を通じて，地域創生に貢献できるようになったのです。WTFによると，アメリカの年金基金の2023年までの10年間の推定平均利回り5.8％に対して，日本は1.6％にとどまっており，年金加入者（受益者）に対する利益の最大化を実現していないとされています[9]。受益者を国内の多様な地域の企業や住民と捉え直すことが，本章でいうところの「金融地域創生」にほかなりません。

　金利ある世界，インフレの時代には，金融資産の5割を現金や普通預金として保持する合理的理由は存在しません。内閣府の試算では，2033年度に長期金利は1.7％から3.9％になると予想されています[10]。

◆**地域通貨とブルーエコノミー**

　地域活性化の手段として期待された地域通貨は，泉留維・中里裕実の調査によると，稼働数は2005年の306程度をピークとして2022年には189となっています。通貨のデジタル化もあり，2020年の180からは増加しています。地域通貨は，ふるさと納税や非代替トークン（NFT）と組み合わせた新しい「スキーム」への移行が必要ですが，大きな潮流となる兆しはみられません。

　いまだ全容は明らかになっていませんが，海の経済圏「ブルーエコノミー」構築のためのブルーファイナンスやブルーボンドも，海洋国である日本にとって，新しい金融地域創生の手段となりうるかもしれません。

第10章 「金利ある世界」の地域創生 197

◆デジタル化の功罪

　数字を取り扱う金融は，デジタルとの相性が良く，どこからでも簡単に投資や寄付ができるという特性があります。配当利回りの高い「スキーム」，魅力的な株主優待券や返礼品，配当金などはなくとも満足度の高い社会貢献事業への投資や寄付の可能性もあります。「スキーム」次第で世界から資金を集められるのです。投資や寄付者は，地域にとって新しい関係人口，あるいは事業を視察・見学・体験する観光業に結びつく可能性も秘めています。

　ただし，ネット銀行，ネット証券の隆盛をみてもわかるように，デジタル化は，地域金融を支えてきた信用金庫や地方銀行の支店数や預金額にはネガティブに作用します。デジタルとリアルの融合したデジタル田園都市構想は，金融の世界では，デジタルの圧倒的優位による，地方都市の雇用と所得の減少につながります。さらに，すでに指摘したように，相続による金融資産の東京圏集中への対応は喫緊の課題です。

◆金融都市化の阻害要因

　日本の資産運用立国の一翼を担う資産運用業，あるいは金融取引を行うファンドマネージャーの活動の場を創出できるのかが，金融地域創生の課題です。

　しかし，特区制度として認められなかった法人税や所得税などの減免措置がない限り，GFCIランキングで上位のシンガポール（3位），香港（4位），ソウル（10位）との都市間競争に勝ち抜くことは困難です。すでにみたように，東京は世界19位です。金融都市東京の未来は，日本政府の大胆な政策転換にかかっています。なお，1位はニューヨーク，2位はロンドンです。両市はさまざまな世界都市ランキングでも，上位に位置づけられる都市です。

◆プライベートバンキングとリゾート

　プライベートバンクを利用したことがありませんので，自信をもって語ることはできませんが，富裕層が利用するプライベートバンクは，長期滞在するリゾート地に拠点を置くことがあるとされています。日本でいえば，軽井沢，ニセコや沖縄県が該当します。

　図表10-1にある野村総合研究所が毎年発表している日本の富裕層のデータ

198　第3部　地域創生の新しい戦略論

図表10-1 ┃ 純金融資産保有額（階層別）

マーケットの分類 （世帯の純金融資産保有額）	2021年
超富裕層 （5億円以上）	105兆円 （9.0万世帯）
富裕層 （1億円以上 5億円未満）	259兆円 （139.5万世帯）
準富裕層 （5,000万円以上 1億円未満）	258兆円 （325.4万世帯）
アッパーマス層 （3,000万円以上 5,000万円未満）	332兆円 （726.3万世帯）
マス層 （3,000万円未満）	678兆円 （4,213.2万世帯）

出所：野村総合研究所「野村総合研究所，日本の富裕層は149万世帯，その純金融資産総額は364兆円と推計」
2023年3月1日
https://www.nri.com/-/media/Corporate/jp/Files/PDF/news/newsrelease/cc/2023/230301_1.pdf

からもわかるように，金融資産の保有額は，超富裕層や富裕層に偏在していま
す。超富裕層の金融資産は，2005年の46兆円（5.2万世帯）から2021年には105
兆円（9万世帯）にまで拡大しています。日本の家計金融資産は，今後も年率
4％で増加すると予想されています。それにともなって，日本のミリオネア
（資産額100万ドル以上）数は，2028年に2023年比で28％増の362万人になると
UBSは推計しています。金融資産運用業務には，プライベートバンキングのよ
うに，富裕層を対象とする業務も少なくありません。

　日本の地域開発は，富裕層向けのサービス供給を苦手としてきました。JR
九州の「ななつ星」のようなクルーズ列車は，各地で運行されるようになりま
したが，プライベートジェット機の発着枠は，羽田空港，成田空港でも不十分
です。日本には5つ星のホテルも多くはありません[11]。

　5つ星ホテルが多く，宮古空港と下地島空港という二つの空港を有している
宮古圏域の金融アイランド化も検討すべきでしょう。

注

1　東海道新幹線，東名名神高速道路，東京港・横浜港，成田空港・羽田空港などの優先的整備は，地域間の発展力格差，東京一極集中をもたらした最大の要因です。東京一極集中は，経済発展にともなう当然の結果とはいえません。

2　松尾順介「クラウドファンディングと地域再生」『証券経済研究』第88号，2014年12月。

3　2009年12月１日の国土交通省のHPでは，「新たな公」とは，①行政が行っていた公共サービスを行政に代わって提供する，②従来行政が行ってこなかったような公共的な仕事（過疎地有償運送業等）を行っていくもの，③もともと民間の仕事であったものに公共的な意味を与えて提供するもの（空き店舗を活用した活性化事業等）と定義されています。

4　「国の基金８割『廃止警告』5400億円は国家返納政府方針　15事業廃止決定」『日本経済新聞』2024年４月23日朝刊。

5　青木美香「大相続時代到来で125兆円が日本中を移動!最も流出が激しい都道府県は？」『ダイヤモンド・オンライン』2023年２月８日。

6　井上有弘「2024年３月末の信用金庫の預金・貸出金残高（速報）」『ニュース＆トピックス』SCB，No.2024-7，2024年４月９日。

7　宮本佐知子「2030年の家計金融資産の姿」『野村資本市場クォータリー』2018年春号。

8　青木，前掲論文。

9　「政府年金運用力強化へ指針　国家公務員共済，未公開株に投資」『日本経済新聞』2024年８月29日朝刊。

10　内閣府「中長期の経済財政に関する試算」2024年１月26日，p.15.

11　詳しくは，山﨑朗・鍋山徹編著『地域創生のプレミアム戦略』中央経済社，2018年を参照してください。

参考文献

原亮弘（2015）「環境モデル都市・飯田におけるエネルギーの自立戦略」山﨑朗編著『地域創生のデザイン』中央経済社。

山﨑朗（2024）「金融地域創生試論」『地域デザイン』No.23。

あとがき

　時代を先読みした，国内外の新しい地域課題や地域政策についての情報を発信してきた日本地域開発センター発刊の『地域開発』が650号をもって廃刊となりました。650号には「発展による国土の均衡化」を寄稿させていただきました。同誌の編集者であった瀬田史彦先生には，何度も同誌への寄稿の機会をいただきました。瀬田先生には本書への寄稿を含め，御礼申し上げます。

　将来の地域を考えるには，まずは地域の人口動態の未来を見据える必要があります。人口論の専門家である松浦司先生とは，教員控室でお話する機会も多く，お忙しい中，原稿執筆をご快諾いただきました。

　久保隆行先生は，中央大学で博士号を取得され，別府市の立命館アジア太平洋大学に就任され，別府温泉のポテンシャルと現実とのギャップについて，問題提起をいただきました。温泉クラスターについて共同で論文を執筆し，国際会議でも2回報告しましたが，久保先生は2024年8月にヨーロッパの温泉地を調査され，その調査結果も第5章に盛り込まれています。廃墟となった老舗温泉旅館やホテルを見るたびに，暗澹たる気持ちになります。温泉という地域資源の活用は，これまで体系的には調査研究されてこなかったように思います。本書で取り上げている東川町は，ふるさと納税も活用して，廃墟となった天人峡温泉のホテルを解体します。

　杉浦勝章先生は，山口県の下関市から福岡市や北九州市の動向を長年ウオッチされており，前著の内容（久保先生執筆）をさらにアップデートして，人口増加の続く福岡市の都市政策の課題について論じていただきました。

　TSMCの熊本県進出を契機として，九州の半導体クラスターは，新しい発展の潮流に乗り始めています。山﨑は，1999年の九州地域産業活性化センター「九州地域戦略産業創出可能性調査検討委員会」に委員長として参画し，城戸宏史先生，友景肇先生らと，九州の半導体クラスター戦略を構想しました。経

済産業省の産業クラスター計画よりも先行しました。山﨑朗・友景肇編著（2001）『半導体クラスターへのシナリオ』西日本新聞社は，Amazonでも売り切れ状態です。城戸先生と友景先生のご冥福を心よりお祈りいたします。城戸先生のご意志は，九経調の後輩であった岡野秀之氏に引き継がれています。

中山裕太さんは，私のゼミの出身で，学生時代に懸賞論文で３度受賞したことのある論客です。東川町や帯広市の調査にも同行していただきました。

編者が化学から経済への転換を志した理由は，大学４年のときに受講した室田武先生（当時一橋大学経済学部助教授）の集中講義「エネルギーとエントロピーの経済学」がきっかけでした。バイオマスについては，それ以来，関心を持ってきましたが，今回初めてバイオマスと地域創生について執筆しました。

第10章では，これまでほとんど取り上げられてこなかった金融による地域創生について，この数年，情報発信してきた内容を新しくし，本書に掲載させていただきました。資産運用立国を地域創生と結びつける必要性はさらに高まります。

原稿提出後の新しい動向について，最後に記載させていただきます。

資金循環統計（速報）によると，2024年６月末の家計金融資産は，全年同期比で4.6％増加し，2,212兆円となりました。現預金比率はやや低下しましたが，51％を占めています。

2025年春の高校卒業予定者で，就職を希望する高校生に対する有効求人倍率は，過去最高の3.7倍になりました（厚生労働省調べ）。工業高校に限定すると20.6倍です。

2024年９月，中国政府による日本産水産物の段階的輸入解禁というニュースが飛び込んできましたが，米どころの東北地方には，中国政府の指定する精米所は１カ所もありません。

石破総理は，地方創生2.0として，地方創生予算の倍増を公約としていますが，本書で繰り返し論じてきたように，税の再配分は，両刃の剣です。共同通信社によるアンケート調査によると，10年間の「地方創生」政策の成果について，

68％の自治体は不十分と回答し，その理由は「自治体単独での政策では限界があった」（73％）でした。「地方創生」のための政府の役割は，外交交渉および地域の発展を阻害している多様な制度・政策の見直し作業です。

　なお，本書のエッセンスを「あるべき地方創生とは⑦　地域の潜在力を付加価値に」『日本経済新聞』（経済教室）2025年1月22日朝刊に寄稿いたしております。

　2025年3月

山﨑　朗

[執筆者紹介・執筆分担]

山﨑　朗（やまさき　あきら）　　　　　　　　1・3・8・9・10章
　　編著者紹介参照。

松浦　司（まつうら　つかさ）　　　　　　　　　　　2章
　　中央大学経済学部教授

瀬田史彦（せた　ふみひこ）　　　　　　　　　　　　3章
　　東京大学大学院工学系研究科准教授

杉浦勝章（すぎうら　かつあき）　　　　　　　　　　4章
　　下関市立大学副学長

久保隆行（くぼ　たかゆき）　　　　　　　　　　　　5章
　　立命館アジア太平洋大学サステイナビリティ観光学部教授

岡野秀之（おかの　ひでゆき）　　　　　　　　　　　6章
　　九州経済調査協会常務理事兼調査研究部長

中山裕太（なかやま　ゆうた）　　　　　　　　　　　7章
　　政策金融機関職員

[編著者紹介]

山﨑　朗（やまさき　あきら）

1981年京都大学工学部卒業。1986年九州大学大学院経済学研究科博士課程修了。博士（経済学）。九州大学助手，フェリス女学院大学講師，滋賀大学助教授，九州大学教授を経て，2005年より中央大学経済学部教授。著書に『地域産業のイノベーションシステム』（編著，学芸出版社，2019年），『地域創生のプレミアム（付加価値）戦略』（編著，中央経済社，2018年），『日本の国土計画と地域開発』（東洋経済新報社，1998年）など。

地域創生の新しいデザイン
──地域の潜在力を付加価値に

2025年5月1日　第1版第1刷発行

編著者	山　﨑	朗
発行者	山　本	継
発行所	㈱中央経済社	
発売元	㈱中央経済グループ パブリッシング	

〒101-0051　東京都千代田区神田神保町1-35
電話　03（3293）3371（編集代表）
03（3293）3381（営業代表）
https://www.chuokeizai.co.jp
印刷／三英グラフィック・アーツ㈱
製本／㈲井上製本所

©2025
Printed in Japan

＊頁の「欠落」や「順序違い」などがありましたらお取り替えいたしますので発売元までご送付ください。（送料小社負担）
ISBN978-4-502-53171-2　C3034

JCOPY〈出版者著作権管理機構委託出版物〉本書を無断で複写複製（コピー）することは，著作権法上の例外を除き，禁じられています。本書をコピーされる場合は事前に出版者著作権管理機構（JCOPY）の許諾を受けてください。
JCOPY〈https://www.jcopy.or.jp　eメール：info@jcopy.or.jp〉

いま新しい時代を切り開く基礎力と応用力を兼ね備えた人材が求められています。
このシリーズは，各学問分野の基本的な知識や標準的な考え方を学ぶことにプラスして，一人ひとりが主体的に思考し，行動できるような「学び」をサポートしています。

ベーシック＋専用HP

教員向けサポートも充実！

中央経済社